中国文人的生活智慧课

凡雅处处是平常

李茜 著

北京日报出版社

图书在版编目（CIP）数据

风雅处处是平常：中国文人的生活智慧课 / 李茜著.
北京：北京日报出版社，2025.3. -- ISBN 978-7
-5477-4928-9

Ⅰ.I267

中国国家版本馆CIP数据核字第2024EC6082号

## 风雅处处是平常：中国文人的生活智慧课

| 出版发行 | ：北京日报出版社 |
|---|---|
| 地 址 | ：北京市东城区东单三条8-16号东方广场东配楼四层 |
| 邮 编 | ：100005 |
| 电 话 | ：发行部：（010）65255876 |
| | 总编室：（010）65252135 |
| 印 刷 | ：河北盛世彩捷印刷有限公司 |
| 经 销 | ：各地新华书店 |
| 版 次 | ：2025年3月第1版 |
| | 2025年3月第1次印刷 |
| 开 本 | ：880毫米×1230毫米 1/32 |
| 印 张 | ：6.5 |
| 字 数 | ：114千字 |
| 定 价 | ：79.00元 |

版权所有，侵权必究，未经许可，不得转载

## / 序 言

 **每一种生活,皆有答案**

在我们遇到难题时,应该有一位能够给我们出主意的人,他或许已不在人世,但他的思想能激励我们,为我们打开一扇心门。

"凡墙皆是门。"

中国文人总是有些本事,举重若轻。我们随手打开一扇门走进去,穿越到精神层面的平行世界,找到适合自己的解决方案。

这些年,我在学习中国传统文化的过程中,经历了荀子在《劝学》中说到的三个阶段。

### 第一个阶段是"积土成山,风雨兴焉"

三十岁之前,我情绪压抑,长期处于内耗之中。接触传统文化后,内心慢慢获得了松弛感。渐渐才明白,人只有处理好自己的情绪,才有能力去照顾他人、体恤他人。

还记得学习点茶时要做的第一件事——烧水。茶圣陆羽说:"其沸如鱼目微有声,为一沸;缘边如涌泉连珠为二沸;腾波鼓浪,为三沸。"我用陶瓷的汤瓶烧水时,看不到水沸时的气泡,很难掌握火候,只能听声响。

在这个练习中,我突然感觉心静了下来,仿佛置身于宁静的山林中,松风在耳、山水潺潺。那一刻,我感受到了内心的平静和莫名的快乐。

通过学习传统文化,我发现快乐原来不需要外界给予,自己就可以获得。

对传统文化的探索,让我的生命获得了很多的滋养,十年前突然冒出来"把这些看似无用的美好,分享给更多人"的想法,于是就有了"久畹兰"(久畹兰是作者创立的企业——编者注)。

### 第二个阶段是"积水成渊，蛟龙生焉"

我发现自己能够将内心的快乐传递给他人，更多人能由此开始重新认识并热爱传统文化。

时代一直在变，对传统的理解要顺应当下的形势。

中国人在传统文化的美中找到内心的宁静，这源于中国文化的独特性，能让内心得到释然。

一如练习书法，看似枯燥，但那些坚持下来的人，会发现自己在笔墨之间获得了一种定力。当我们控制好柔软的毛笔，写出适宜的笔画时，一定是专注平和的。专注平和，才能生出定力。

有了定力，就更能专注于当下。现代人匆匆忙忙，常常忽视了身边的美好。忙，左边是"心"，右边是"亡"；忙，一定程度上代表心灵的死亡，没有精力和时间去享受生活、享受当下。每个现代人都有这样的经历：忙到麻木，不知所措，身闲而心未得闲。

拥有觉知的定力后，我们会敏锐地感知生活中的细节，些微美好会重新回到我们的视野中。很多人感到不快乐，不是因为缺少幸福，而是因为无法感知当下的幸福。传统文化带给人的宁静感至关重要。中国传统文化讲究"慢",有道是"慢"无止境,而茶道、香道、花道、养生,都是让我们慢下来的艺术。

### 第三个阶段是"积善成德,而神明自得,圣心备焉"

在讲课过程中,我遇到过一些学员,他们心结很重,经常斤斤计较,不开心。他们来到我这里静坐一段时间后,便可以变得很安静。

这让我坚定了传承和推广传统文化的决心。我希望通过我的课程,让更多人体味传统文化的美好,找到平和与幸福。

当我坚定了决心后,许多事情"顺其自然"地发生了。有很多人找到我,想一起寻求传统美学的一切。

一路上,我一直在问自己:人生匆忙而短暂,究竟该如何度过?

我一直有一种渴望,希望能为这个世界留下点什么。未来,还有人能记得曾有个我,为传统文化发声,并产生了些许影响。

经过几千年的沉淀,中国传统文化蕴含着无尽的智慧。它之所以能流传至今,是因为过去有许多人不断发声、记录、体悟、讲述。我想,我曾经或许是青莲居士的粉丝,抑或是东坡先生座前的茶童。我虽然卑微,但在求索之路上一直在不懈努力。

必须有人肩负起传承和弘扬中国传统文化的责任,而这正是我坚持不懈的动力所在。

感谢前人的坚守,感谢父亲无条件的爱,坚守和爱皆是力量。我愿帮助每一个人保持内心的平静与和谐,并找到自我。

── 前 言 /

# 中国文人的文化何以成为智慧

中国文化历经数千年风雨沧桑,如同长江黄河,奔腾不息,绵延不绝。文人作为中国文化的承载者和传播者,他们的思想、言行在历史的长河中熠熠生辉。

那么,中国文化的具象——中国文人,他们的文化何以成为智慧?

说到文化,直观来看大概是诸子百家、唐诗宋词,还是琴棋书画、亭台楼阁。当然,少不了京剧昆曲、节日风俗等。但这些皆为表象。

如果只从表象看传统文化,似乎纷繁芜杂,俨然"乱花渐欲迷人眼",不知因何而起、从何学起,终究成了"不明就里"。

本文尝试从"点、线、面、体"四个方面展开探索，寻找中国文人智慧，期望对你我当下的人生有所启示。

## 1."点"

首先，每个文人都是一个独立的"点"，他们的思想和行为都独具特色，是智慧的独特体现。无论是孔子的"仁、义、礼"，还是孟子的"性善论"，抑或王阳明的"知行合一"，在历史进程中的每一个节点，他们的智慧灿若繁星，光芒独特，共同构成了中国文化的星河脉络。

## 2."线"

千年以降，中国传统文化形成了"核"——儒家思想。其他思想和宗教，如道家思想和佛教，与儒家思想互补或合流，共同构成了丰富的传统文化。

儒学"仁义"，道家"无为"，佛教"慈悲"，万般法条交织，形成了中国文化独特的精神脉络。这条脉络，构建了中国传统的道德、伦理，并在意识层面为国人提供心灵指引。

## 3."面"

观察历史的剖面,可以看到,传统文化发展较为迅速的一个重要时期是集生活美学之大成的宋代,这是中国历史上文化最繁荣的时期之一。文人在这个时期达到了前所未有的文化自觉,生活美学也达到了一个新的高度,他们追求雅致,形成诗文、书画、茶道、花道等中国特有的艺术表达方式,表达对生活的热爱和对内心宁静的追求。

苏轼在《海棠》中写道:"只恐夜深花睡去,故烧高烛照红妆。"海棠夜放,苏轼彻夜不眠,秉烛而照,痴等花开。要知道这是他被贬黄州(今湖北黄冈)期间,正经历人生低谷和种种不如意,他却依旧守护着荧荧烛火,为自己照亮一条路,把生存挑战变成生活趣味,把眼下的苟且变成内心的诗意。

"竹杖芒鞋轻胜马,谁怕?一蓑烟雨任平生。"

宋代文人的生活美学,不仅是自我实现的方式,更是与自己和解的途径。人生如逆旅,你我皆行人。如果我们能够从文人生活的细节里汲取到智慧,找到内心的平静和幸福,那么在黑暗中也能秉烛起舞。

### 4. "体"

"明体达用、体用贯通",具体的实践和表现形式是"体"。文人将他们的智慧融入日常生活,形成一种具体的生活方式和文化传统。

苏轼的生活态度和品位,以诗文、饮食、建筑等为代表的美学实践,本质是中国文人智慧照进现实的入世体验。他不仅在思想和艺术上展现智慧,更在实际生活中践行这些智慧,形成独特的生活方式。

苏轼在《老饕赋》中写道:"盖聚物之夭美,以养吾之老饕。"大意是"这天下的山珍海味,都是我所喜欢的"。幽默风趣,又不失烟火气,一如苏轼的一生。无论面对什么样的艰难,他都能坦然面对,找到欢喜。没有什么问题是一顿美食解决不了的,如果不能,那就多吃几顿。

苏轼爱吃牡蛎,他被贬儋州(今海南儋州)时,曾跟儿子一起吃,并且说过这样一句话,很幽默,"恐北方君子闻之,争欲为东坡所为,求谪海南,分我此美也"。大意是"我发现了海南的美食,担心北方的士大夫知道了,会希望自己遭贬谪,跑来海南和我争抢"。任谁看了,都会被苏轼的"小心思"逗笑。这些苦中作乐的自嘲，还有让家里人放心的意味，"你看，我都吃得这么开心了，过得也不是特别差，你们可以放心了"。彼时苏轼被流放儋州，孤悬在外，可是他总是以积极的态度，去化解人生中遇到的种种困境。

苏轼之体，当为国人之体。

所以，传统是什么？

社会学家爱德华·希尔斯在《论传统》一书中说："传统是一个社会的文化遗产，是延续三代以上、继续影响当代人生活的并被赋予当代价值和意义的文化。"

中国文人所积淀的充满智慧的传统不仅是我们的文化遗产，更是我们内心力量的源泉。串点成线，织线成面，面面俱到，而成文人之体。我们如何理解他们，某种程度上也决定了我们如何认识自我。

没有谁的人生是不苦的，但我们应该知道自己在任何时候都有选择的自由，都能主动去建构世间的温暖和美好。

在认清生活的真相之后依然热爱生活，我们，应该成为自己的英雄。

# 目录
CONTENTS

## 01 第一章
## 信仰之美：探究那些留在我们血脉里的东西 /

第一节　为什么文人是传承文化的力量　　　　　　003
  1. 依于仁，游于艺　　　　　　004
  2. 据于德　　　　　　006
  3. 志于道　　　　　　007

第二节　做自己，人人皆是生活艺术家　　　　　　009
  1. 自然化：生活美学的基础　　　　　　010
  2. 情感化：情礼合一，沟通心灵　　　　　　012
  3. 文化的价值：艺术的真意　　　　　　013

第三节　礼与和的双重奏　　　　　　016
  1. 礼：外在修养　　　　　　016

|  |  |  |
|---|---|---|
| | 2. 和：内在修养 | 018 |
| 第四节 | 道家：两条为人处事的通则 | 021 |
| | 1."顺应自然"的为人之道 | 021 |
| | 2."无为而治"的处世之道 | 022 |
| 第五节 | 如何实现人生的进退平衡 | 026 |
| 第六节 | 佛家：如何在无常中保持内心的安宁 | 032 |
| | 1. 曹丕：从痛苦到顿悟 | 033 |
| | 2. 寒山：在禅意中寻找宁静 | 035 |
| | 3. 我生命中的佛教智慧 | 035 |
| 第七节 | 理学：穿越时空的哲思 | 039 |
| | 1. 格物致知，解锁自然之理的密钥 | 042 |
| | 2. 内心修养：道德实践的修行之路 | 043 |
| | 3. 知行合一：在行与知的交响中寻觅真我 | 045 |

## 02 第二章
## 艺术之美：跟随你内心的勇气 /

| | | |
|---|---|---|
| 第一节 | 诗词：提升你对美的感受力 | 051 |
| | 1. 表达的美：精准的情绪共鸣 | 052 |
| | 2. 自我的美：细腻的生活感知 | 053 |
| | 3. 境界的美：心灵的深度滋养 | 055 |

| | | |
|---|---|---|
| 第二节 | 书法：境界的转化与提升，都在练习里 | 057 |
| | 1. 磨墨，磨去心中浮躁 | 058 |
| | 2. 练习，方能领悟真正的宁静 | 059 |
| | 3. 书写，体会传承的力量 | 061 |
| 第三节 | 绘画：少有人看见的美 | 063 |
| 第四节 | 音乐：古琴与心灵的对话 | 070 |

## 03 第三章
## 生活之美：培养情感和感觉，比思想更重要 /

| | | |
|---|---|---|
| 第一节 | 日常饮食：从食物到餐桌礼仪，让人间值得 | 077 |
| | 1. 顺时与健康 | 078 |
| | 2. 情感与趣味 | 080 |
| | 3. 文化与传承 | 081 |
| 第二节 | 服饰文化中蕴含的智慧与哲思 | 084 |
| | 1. 面料 | 085 |
| | 2. 纹饰 | 092 |
| | 3. 工艺 | 096 |
| 第三节 | 茶道：如何通过品茶达到心灵的平和 | 098 |
| | 1. 以茶会友 | 100 |
| | 2. 茶壶里的秘密：一饮一啜间，和谐满人间 | 102 |

|  |  |  |
|---|---|---|
| | 3. 千年欢宴，从探险到全民狂欢 | 104 |
| 第四节 | 花道：如花在野，是生命最好的样子 | 109 |
| | 1. 与花对话，体会生命的韵律 | 112 |
| | 2. 与自然对话，体察生命的智慧 | 113 |
| | 3. 与内心对话，体悟生命的宁静 | 115 |
| 第五节 | 香道：一炉香，点燃一天好心情 | 117 |
| 第六节 | 中医：养生，与自然和谐相处 | 125 |

## 04 第四章
## 社会之美：混沌里放出光明 /

| | | |
|---|---|---|
| 第一节 | 在人际关系中得自在 | 139 |
| | 1. 重视精神与思想的高度契合 | 140 |
| | 2. 表达自我，也能做到和而不同 | 142 |
| | 3. 持续的文化传承与思想碰撞 | 143 |
| 第二节 | 教育：中国文化的未来在哪里 | 145 |
| | 1. 家庭教育：文化传承的起点 | 145 |
| | 2. 师徒教育：个性化培养的关键 | 146 |
| | 3. 经典教育：文化传承的核心 | 148 |
| 第三节 | 政治，是人生底层的约束条件 | 151 |

## 05 第五章
## 文化之美：历史传承与现代应用 /

第一节　古典文学：古代文人的智慧宝库　　　　　　　157
　　1. 天赋：发现并珍惜与生俱来的才能　　　　　　　158
　　2. 天职：顺应天赋，承担社会角色　　　　　　　　158
　　3. 天命：超越天职，追求生命的更高意义　　　　　159

第二节　民间文化：传统节日与习俗如何重塑我们的生活　162
　　1. 春节：新生的希望　　　　　　　　　　　　　　162
　　2. 清明节：情感纽带　　　　　　　　　　　　　　163
　　3. 中秋节：团聚的温暖　　　　　　　　　　　　　164

第三节　非物质文化遗产：保护与传承文化之美　　　　166
　　1. 从昆曲中感受中华美学的力量　　　　　　　　　167
　　2. 剪纸艺术中的民间智慧与生活哲学　　　　　　　168
　　3. 京剧的现代探索与多样表达　　　　　　　　　　169

## 06 第六章
## 环境之美：人与自然的和谐共生 /

第一节　山水文化：自然景观中的哲学与美学　　　　　173
　　1. 见山水：探寻超越自然的精神境界　　　　　　　173

  2. 见众生：在山水中体悟人间百态　　　　　175

  3. 见自己：在山水间的自我反思　　　　　　176

第二节　园林艺术：生活在诗意中　　　　　　　179

  1. 大方无隅：无界的空间与心灵的自在　　　179

  2. 大器晚成：不完满的美与岁月的痕迹　　　180

  3. 大音希声：宁静中的力量与心灵的共鸣　　181

  4. 大象无形：象外有象，意境中的人生哲理　182

结　语　如何将古人智慧应用于当代生活　　　　184

# 01

第一章

/

## 信仰之美：

### 探究那些留在我们血脉里的东西

✦✦✦

## 第一节 /
## 为什么文人是传承文化的力量

说起中国古代文人,首先得提孔老夫子,"至圣先师",一句"士志于道"给文人定了个大目标。

儒家学说讲究人的志向应当向道而行,孔子作为天命的代言人,热情推广仁与礼的理念,仁者爱人,通过实践礼来达到仁,进而实现天命赋予的道。

"志于道,据于德,依于仁,游于艺。"孔子的这句话,给文人提供了一种安顿心灵的方法。以道为志向,以德为依托,建立起文人内在的坚定和自信。

### 1. 依于仁,游于艺

以仁为本,让我们在交往中更加真诚,懂得关爱对方,超越表面的隔阂,实现心灵的共鸣。"游于艺",则是一种放松和升华的方式,让我们的心灵在美的体验中得到滋养和充实。

"仁"不仅是对他人的关爱,更是一种内在的自觉,我个人认为,不苟求自己也是"仁"的一种表现。

如今快节奏的生活以及信息洪流的裹挟,使得我们难以静下心来感受自己,更别说去感受和关爱别人了。大多数人的现实是:躺不平,卷不动,摆不烂。在现实与理想中间,上不去也下不来,失去自我,不知本我。

如何才能寻找到答案呢?

一千六百多年前,一位"打工人"做出了抉择:离开痛苦的职场,选择回归田园,心向山水,悠然自得。他就是无数"打工人"的精神领袖——陶渊明。这位东晋诗人,更确切地说是中国文人中的大隐士,在当了一些微末官职后,彻底想明白了。

他在《归园田居》中表明心志:"少无适俗韵,性本爱丘山。误落尘网中,一去三十年。"他终于说出了心中所愿,和自然在一起,才是他最向往的。此次辞官,成为陶渊明职场生涯的高光点,也让他成为后世文人的精神偶像。因为陶渊明的隐居生活,不是反抗、躺平,而是喜欢什么就乐在其中,两个字——通透。

归隐之后,他通过诗文,把自己的生活拍成"短视频"。归隐了,住在离人们不远的地方,"结庐在人境,而无车马喧";平常不怎么开门,就自己安静地发发呆,"白日掩荆扉,虚室绝尘想";偶尔碰见人,聊几句农事,"相见无杂言,但道桑麻长"。

再比如,采菊时,"悠然见南山"。"见"字简直绝妙,南山不经意地出现在视线里面,一座是真实的山峰,一座是精神的山峰,两者不期而遇。见山,见自己,山人合一的意境之美,从诗中流露出来。

陶渊明的归隐不仅仅是因对自然的向往,更是他在与自己和解,他与自然、与人皆和谐共处,感觉怡然自得,"此中有真意,欲辨已忘言"。

## 2. 据于德

在德行方面，传统文化强调孝道。《论语》中说："父母在，不远游，游必有方。"父母健在的时候，不要跑太远，如果要出远门，必须告知自己所去的地方。这体现了对生命和亲情的重视。

说到家庭责任，不得不提晚清重臣曾国藩。这位晚清中兴名臣，官职升迁顺遂，地位显赫，但他始终没有忘记家族的责任。无论身居何职，他都不忘写信回家，关心家人的生活和子女的教育。曾国藩的家书，不仅仅是对家人的问候，更是他教育后代、传承家风的重要工具。

在曾国藩的家书中，有对父母的孝敬，有对兄弟的关爱，更有对子女的严格要求。

在给母亲的信中，拳拳孝心，溢于言表。他不仅自己身体力行，还教育子女要孝顺父母，尊敬长辈。

在给弟弟曾国荃的信中，他希望弟弟们能够和睦相处，共同维护家族的荣誉和利益。

在给儿子的信中，他希望儿子能够以诚待人，以敬事长，以信交友，以惠待下。这些家训，不仅是他对儿子的要求，更是对整个家族的期望。

在给子侄们的信中,他希望子侄们通过读书,明白做人做事的道理,修身养性,治理好家庭,为家族争光。

由此可见,孝是道之根本,是家族传承之要。兄弟之间要和睦相处,子女要以读书为本,以诚待人。这些观念,贯穿于曾国藩一生的言行中,也影响了他的后代,使曾家成为书香门第,也成为人才辈出的家族。曾国藩用他的家书,构建了一个孝道与家族传承的典范。

他通过文字,将自己的思想和价值观传递给子孙后代,使家族的精神得以延续。他的家书,不仅是对家人的关怀,更是对后代的期望和要求。"家有恒训,子孙才有恒心。"

### 3. 志于道

无论是陶渊明对田园生活的赞美,还是曾国藩对家族的谆谆教诲,这些都成了中华文化的重要组成部分,代代相传,永不磨灭。在充斥着困顿与忧愁的岁月里,那些坚守爱国信念的文人,活出了更高层次的人生。

比如南宋的陆游,少年立志,北定中原,一生不为浮名,只求报国。到了八十五岁高龄,已经接近人生终点时,在病榻之上，写下了"王师北定中原日，家祭无忘告乃翁"。

那些克复家国的豪言，那些铁马冰河的理想，穿越数百年岁月，给予无数人深深的震撼和触动。

呜呼，俱往矣，今日之神州大地，温婉绮丽。

中国古代文人承担了文化传承的重要使命。孔子的"志于道"，曾国藩的治家，陆游的爱国，无不体现了他们对人文精神和家国情怀的深刻理解和践行。他们的文字和思想不仅是对自身生命价值的探索，更是对社会责任和文化传承的履行。

我们心怀感恩，感恩前辈们以其智慧和信念，为我们留下了宝贵的精神财富。他们的记录与传承，犹如涓涓细流，汇成了中华文化的浩瀚江海，滋养了无数心灵，塑造了中华民族的精神品格。文化传承，千秋不朽。中国文人的精神与智慧，烙印在每一个国人的骨气之中，前行所托，前程所在。

## 第二节 /
## 做自己,人人皆是生活艺术家

总是觉得时间不够用,总是怕来不及,于是一头扎进生活的洪流里,在各种困境里沉浮、挣扎。这样的心境,中国文人早就有体会。数千年来,遇到生活中的坎坷,他们会用艺术来抚慰内心,慢慢学着融入生活,感受生活,从而找到自己与这个世界的和解方式。

比如,苏轼被贬黄州期间,创作了大量诗文和绘画作品,在《念奴娇·赤壁怀古》里写下了"人生如梦,一樽还酹江月",通过描绘自然景象,抒发胸中快意,表达了对现实的不满和超脱,以寻求内心的平静。

再比如,辛弃疾空有爱国抱负,他的才华在现实中无法施展，于是他通过诗词来抒发心中的壮志和对国家的热爱，在《破阵子·为陈同甫赋壮词以寄之》中写下"醉里挑灯看剑，梦回吹角连营"，通过描绘战争场景，表达了他在困境中的坚韧和对理想的追求。

这一刻，我们读到的何止是数百年之前、几千里之外一位文人写下的文字，我们看到的，是那一刻的自己；我们产生的，是跨越时间和空间的共鸣。当我们明白自己经历的磨难别人也曾经历，甚至更为艰难时，我们的心中便会多一份平静与理解。

艺术是一种生活态度。如何通过艺术，感受生活的美呢？

### 1. 自然化：生活美学的基础

生活美学，就来自我们的日常生活。日常的美，才是生活美学的呈现。

庄子说："天地有大美而不言，四时有明法而不议，万物有成理而不说。"一年独特的四时之美与节气之美，我们都能充分感受得到。每个节气、每个传统习俗，都是我们与自然的对话，是对生活的热爱与尊重。

以我家为例，就拿春节来说，从大年三十至正月初五，总少不了那一盘盘热腾腾的饺子，饺子里藏着硬币，能吃到的人，寓意着在新的一年，会好运连连、福气满满。而到了正月二十五的填仓节，家人围坐一堂，再品饺子，那是对五谷丰登、岁月安好的美好祈愿。

正月的初七、十七、二十七，面条成了餐桌上的主角，寓意着小孩、大人都能长命百岁、健康平安。立春时分，品尝薄薄的春饼，搭配着各式鲜嫩的蔬菜，每一口都是春天的味道。这些不仅仅是饮食习惯，更是为了给生活增添仪式感，为平凡的日子添上一抹亮色，让心灵得以栖息。

记得小时候，端午佳节，父亲总是早早唤醒我，一同外出；河畔边，布谷鸟的啼声清脆悦耳。奶奶则会在我的小书包里，悄悄塞上两个结实的蛋，那是童年最坚硬的"盔甲"，用于与小伙伴的"撞蛋大战"。中秋之夜，月光如洗，我们把桌椅搬至院中，西瓜的甜美与月光的皎洁交织在一起，那一刻，生活之美无须多言，只在于心领神会。

生活美学不仅仅是对美的追求，更是让我们在每一个平凡的日子里，去发现那份不平凡，静下心来，感受生活。

## 2. 情感化：情礼合一，沟通心灵

中国文人非常重视情感交流，情感和礼仪是密不可分的伙伴。"情礼合一"，礼仪不仅仅是行为规范，更是情感的优雅表达。

谈及儒家的情理结构，不得不追溯到孔子的仁学。

孔子的仁，是一种独特的情感。它既是合礼之情，又蕴含着理化的深沉。在孔子的儒学世界里，情理并非割裂的两端，而是和谐共生的整体。这份情理结构的根基，并非简单的生理欲求，而是内心深处那份自然而然的向善之情。这份情感，经过人文的教化与岁月的洗礼，变得更加纯粹而深厚。

孔子曾说："仁远乎哉？我欲仁，斯仁至矣。"他告诉我们，仁并不遥远，只要我们心怀求仁之志，勇敢地迈出步伐，仁便会如约而至。这不是禅宗式的神秘体验，而是实实在在的道德精神体验。孔子注重的是有求仁、达仁的心与志，然后付诸实践。仁道并不遥远，行走其间，所欲、所求与所行自然合一，仁便油然而生。

仁之所以能如此亲近人心，是因为与人性相近。每个人心中都潜藏着那颗仁心，这颗心，是有情的，是能够感同身受的。因此，孔子倡导"克己复礼"，回归于仁，让仁与人心合为一体，成就自我。在孔子的成己之学中，欲仁，是心理的动力源泉，而欲，本身便是一种情感力量。

与西方哲学追求理性中心的道路不同，中国哲学以"情礼合一"为特色，开辟了一条独特的智慧之路。这正是儒学的博大精深之处，也是中国美学，尤其是儒家生活美学的坚实基石。在这里，情感与礼仪交织成最美的风景线，让心灵在沟通中得到升华和净化。情礼合一，不仅沟通了心灵，更让生活充满了和谐与美好。中国人重视人际交往，讲究独居、闲居、交游和雅集。每一种生活方式，在传统文化中都被赋予了审美方面的意义。

### 3. 文化的价值：艺术的真意

文人的文化价值，体现在他们对艺术真意的理解中。书法、茶道、建筑园林和绘画，都是文化价值的体现，都是与文化、生活紧密结合的，这就是中国的"礼乐相济"之道。

比如书法，以苏东坡的《寒食帖》为例，这不仅是一幅书法杰作，更是一段心灵独白。字里行间，苏东坡传达了他内心的凄凉与对美好生活的向往。

比如建筑园林，东方的建筑园林，注重与自然的融合，追求生态的和谐，而不是像西方那样追求宏伟独立。中国的园林设计如苏州园林，将建筑与自然景观巧妙结合，假山、流水、亭台楼阁，相互映衬，形成一幅人与自然和谐共处的美丽画卷。在这样的环境中，生活变得诗意盎然，一步一景。

再比如绘画，中国画中的墨色与留白，体现了节制与平衡。想象一下，一幅山水画，墨色的浓淡、线条的疏密、留白的空灵，共同营造出一种宁静而深远的氛围，让人仿佛置身于画中的世界，感受自然的广袤与悠远。

静心感受每一刻的美好，发现生活中的美吧！通过艺术，我们得以表达内心深处的情感和思想，释放生活中的压力与困惑。

在书法中，我们看到笔墨间流淌的情感；在茶道中，我们感受那一份宁静；在园林中，我们感受到人与自然的和谐。

每一种艺术形式都在无声地告诉我们,生活可以如此美好而深邃。

重拾那些被忽略的美好瞬间吧,它会让你找到生活的真谛。

## 第三节 /
## 礼与和的双重奏

在中国的传统文化中,"礼"与"和"是两个极为重要的概念。礼,是外在的行为规范;和,是内心的和谐。两者如同双重奏,相互交织,共同奏响了一曲和谐美妙的人生乐章。

### 1. 礼:外在修养

中国,是礼仪文明之邦。

到春秋战国时期,这种礼仪文明在逐渐衰败,但老子仍然是礼学大家。在对礼乐文明进行反思的过程中,老子对礼乐制度进行了考察,对古礼中蕴含的人文精神进行了阐释,不过,老子也对现实的礼制进行了批判。

什么是礼学？用一句话来说就是规矩。要懂规矩、规则、惯例。显然，礼学对人性是有要求的，它对人性有所安排，或者说有所束缚。孔子说："不学礼，无以立。"他认为一个人如果不学习礼仪，就无法在社会上立足。礼仪，是社会秩序的基本规范，也是个人修养的外在体现。

在中国历史上，文人无不强调礼的重要性，认为礼是立身之本，是安身立命的根基。

曾国藩一生都在用行动诠释着"礼"字。曾国藩出生于湖南一个书香门第，从小接受了良好的家庭教育。他的父亲曾麟书，是一位饱学之士，对曾国藩的教育十分严格。曾国藩在家书中曾写他的父亲教育他以忠孝为先，礼义为重。曾国藩从小就接受了深厚的礼仪教育。

曾国藩在礼仪上的修养，不仅体现在家庭生活中，更体现在治军上。曾国藩讲"礼"，这个"礼"往小处说，是规矩、纪律。强化"礼"，就是强化纪律，令行禁止。而深入一层讲，"礼"不光是一种行为规范，还是一种价值规范，它是植根于儒家价值观的，比如前面提到的，要尊重人伦、尊重等级序列。

当这些观念在湘军中深入人心，官兵之间的互爱、下级对上级的绝对服从就会建立起来，这也是湘军凝聚力和执行力的重要保证。可以说，曾国藩将儒家学说的"礼"活学活用，化为了治军的方法。

礼不仅仅是外在的形式，更重要的是内在的仁爱之心。曾国藩在日常生活中注重修身养性，培养仁爱之心。他曾说为人要有恻隐之心，见人之过，当宽之以仁。曾国藩不仅自己身体力行，还教育子女要以仁爱之心待人。他在家书中多次强调，做人要仁慈，要善待他人，要有同情心。

## 2. 和：内在修养

孔子在《论语》中说："君子和而不同，小人同而不和。"君子追求内心的和谐，但不盲从对方；小人盲目附和别人，却内心不和。和，是指内在的和谐，是对多样性的包容。

刚入仕的曾国藩，脾气很差，一言不合就"肆口谩骂，忿戾不顾，几于忘身及亲"，俨然一个"愤青"。在京任职期间，他常常为了些鸡毛蒜皮的小事与同事发生激烈冲突，脾气上来了，连皇帝也敢说。

曾国藩曾多次上奏疏，指出咸丰皇帝面临的种种危机，希望咸丰皇帝进行改革。结果得到的回复只是"没有什么价值,不用讨论"。

于是,曾国藩做了其他官员一辈子都不敢做的事,向皇帝呈上了《敬陈圣德三端预防流弊疏》,锋芒直指咸丰皇帝的三大缺点。结果是咸丰帝愤怒地将奏折摔到了地上,立刻召见了军机大臣要定他的罪。好在有人替他说情,才得以幸免。

身家性命虽然保住了,可他心里非常紧张,向皇帝上疏阐述自己的罪过,并开始反省自己。

往后,曾国藩就特别注意自己的言行,不再去和别人打"嘴仗",而且变得谦逊起来。

多年之后,曾国藩终于明白了"和气"的重要性。在自我修养方面,开始自我反省和提升。他每天都会进行"日课",记录自己的言行,反思自己的不足。通过自我反省,曾国藩不断提升自己的内在修养,达到了内心的和谐。

曾国藩不仅在内心修养方面下功夫,在家庭和社会关系中也注重和谐。他在家中注重孝道和睦,强调家庭成员之间的和谐关系。他在家书中多次提到,要以孝为先,兄弟要和睦,家庭要和谐。他的子女后来都成了有修养、有成就的人。

经过自我反省和提升,他逐渐找到了内心的平静和力量,走上了一条"内圣外王"的道路,实现了人生的巨大转变。

他的人生经历,正是"礼"与"和"的最佳诠释。

通过修身养性,培养仁爱之心,我们可以保持内心的和谐;通过注重礼仪,尊重他人,我们可以保持外在的和谐。礼与和的双重奏,共同奏响了一曲和谐美妙的人生乐章。

如今,礼与和同样具有重要的意义。通过礼与和的双重修养,我们可以在繁忙的现代生活中减少精神内耗。

## 第四节 /
## 道家：两条为人处事的通则

道家哲学作为中国传统文化的瑰宝，既是指导实际生活的经验方法，也是待人接物的理论原则，更蕴含着追寻心灵自由的超脱境界。在这个无常的世界，道家哲学为我们提供了更接近内心深处的处世方案："顺应自然"与"无为而治"。

这两条通则，前者用来为人，后者用来处事，引导我们看待世界，指导我们在看似烦琐的生活中找到和谐与安宁。

### 1. "顺应自然"的为人之道

认识万事万物的规律，理解并接受自然的进程，不强求、不抗拒。庄子说："天有六极五常，帝王顺之则治，逆之则凶。"道家理论认为,天地万物皆合于道,要在道的规律和秩序中运行。因此,人与天地万物之间并无其他,唯顺应自然,自然便是"道生一,一生二,二生三,三生万物"。顺应即"人法地,地法天,天法道,道法自然"。道不可言,是体悟,是追随。

然而,常人难以窥道。老子说真正厉害的人,是自由自在、无拘无束的人。无为,不求奢华,从简从道,这是人生的最高境界。

天地之间,作为万物之灵的人类,常被自己创造的观念所束缚,最终违背了"自然"。自从来到这个世界,人就被教导要去接受所谓的"道理",这在无形中影响了自身命运,最终身不由己。

随着年龄增长,经历增加,这些"道理"越发根深蒂固,不仅使自己活得疲惫,还使他人感到沉重。求名求利,让很多人陷入了内卷和内耗,忽视了自然的节奏。

向道而行,不是束缚,而是本该如此。

### 2."无为而治"的处世之道

老子提出的"无为而治",并不是什么都不做,而是倡导一种顺应自然、因势利导的处世方式。真正的管理者，应当深谙事物的本质，顺应事物的发展规律，给予适当引导，而不是强行干预。

"为无为，则无不治。"无为首先是"为"，是对自然法则的尊重和理解。无为而治，实际上是一种高明的"有为"，是对人性的深刻理解和智慧运用。

"圣人之道，为而不争。"

《道德经》最后一章阐释了核心观点："天之道，利而不害；圣人之道，为而不争。""不争"是圣人之道的核心要义，拥有不争之德是处于不败之地的根本。竞争的最高境界是不争。

不争，不是以放弃最终的利益和地位的不争，相反，它是一种最积极的态度。这听起来有点令人诧异，老子所讲的不争，是积极退让，积极撤离。

撤离不是软弱，不是退缩，是进入一个更高的维度，获取一种更高的游戏规则。从原来的竞争苦海当中抽身出来，把精力放在符合客观规律和趋势的事情上，花更多的时间思考未来，获得的是五倍、十倍，而不是百分之五、百分之十的优势，就像对竞争者实施"降维"打击一样。这种打击是一种消灭你、打败你,却跟你没关系的方式。它是规则层面的取胜,而不是在同一维度上的竞争。

这种不争,天下莫能与之争。

"上善若水,水善利万物而不争。"

在面对矛盾和冲突时,以水为镜,反观本我,向水问道,水的智慧是"上善若水,水善利万物而不争",以柔克刚,无处不在却不与万物争。水的智慧教导我们,要以柔和的方式处理问题,避免硬碰硬的对抗,润物无声。

把注意力放在别人身上是痛苦的,但放在自我价值和社会价值的实现上是快乐的,不会陷入忧虑。"江海之所以能为百谷王者,以其善下之,故能为百谷王……是以天下乐推而不厌,以其不争,故天下莫能与之争。"

让自己的心量像水一样,走洼地,纳百川,不断接受、容纳、承载。如《道德经》所言:"道冲,而用之或不盈。"

道是一个什么样的状态呢?道的本质是凹陷的,是洼的。道是一个什么样的形象呢?叫"冲,而用之"。冲就是四周高、中间低的那种地形。

道的本质是"大",给予无限的包容。"用"即"纳",可纳万事万物,所以"道"不满、"不盈"。有容乃大,是以道法即自然。

在思想和认知的升级过程中，道家哲学，绝对是一座关键且具有点睛之功的里程碑。当你遇到问题的时候，品一品道家哲学，也许就会发现那些看起来深奥的思想，其实是离你最近的"道法"，起伏之间，皆有道理。

## 第五节 /
## 如何实现人生的进退平衡

儒家思想深植于中国人的灵魂深处,如长夜明灯,指引着中国人在天地间自强不息,追求积极进取的理想人生。中国文人秉持"修身、齐家、治国、平天下"的信念,在这条漫长而曲折的道路上坚定前行。即便面对挫折与挑战,也仍然迎难而上,孔子曰:"知其不可而为之。"无畏与果敢,成了生命中的不灭之光。

然而,世事无常,人生总有无法抗拒的困境。

庄子的思想提供了另一种智慧——"无为而治",提倡心灵的自由与自然的和谐。当努力无法改变现实时,庄子的"逍遥游"开辟了一条新的路径:在纷繁复杂的世界中保持内心的平静，找到属于自己的归宿。"云在青天水在瓶"，外界的纷扰，在这份静谧中得到化解。

在中国历史的长河中，范仲淹无疑是儒道合一的典范。范仲淹自幼家境贫寒，立志通过读书改变命运。十年寒窗，寺中苦读，凭借顽强的毅力和不懈的努力，他高中进士，踏上仕途。在地方任职时，他以勤政爱民、廉洁奉公赢得了百姓的爱戴，并写下了《岳阳楼记》。"先天下之忧而忧，后天下之乐而乐"千古传颂，深刻表达了他忧国忧民的情怀。

人生如潮水，涨落之间，范仲淹也无法避开仕途的波折。他多次被排挤、贬谪，但即便身处逆境，他依然表现出非凡的坚毅与从容。在饶州（今江西上饶），他一如既往地关心民生，努力为百姓做实事。他在《岳阳楼记》中写道："居庙堂之高则忧其民，处江湖之远则忧其君。"这句话不仅表达了他心系国家和百姓的情怀，更彰显了他面对困境时的豁达与坦然。

数年之后，范仲淹再次被召回朝廷，担任宰相，他依然满怀抱负，力图通过一系列改革措施，扭转国家的命运。然而，这些措施触动了当权者的利益，他再一次遭到排挤，不得不黯然退居地方。

虽然被贬离京,范仲淹却始终忧国忧民。他晚年过得清简而淡泊,他的笔从未停歇。他用文字诉说着对国家的深切关怀,也感怀人生的无常。《渔家傲·秋思》是他心境的真实写照:"塞下秋来风景异,衡阳雁去无留意。四面边声连角起。千嶂里,长烟落日孤城闭。"秋日边疆的苍凉与孤寂,与诗人的心境交相呼应。

隐居乡里后,范仲淹将精力投入教育与写作中,传道授业,把自己的学识与精神传承给后人。他在乡村开设学堂,教书育人,为国育才。虽然远离了朝堂上的纷争,但他依然心系天下,通过自己的作品,表达对人生的深刻理解和自己豁达的态度。正因为如此,他在教育与写作中,始终注重培养学生的品德与心境,使他们能以坚韧的精神应对未来的挑战。

人生无常,统统接纳。

范仲淹的一生,是在进退之间寻求平衡的传奇,既有儒家"内圣外王"的执着追求,也融入了庄子所倡导的内心的和谐与从容,通过学识与修为,走出了独属于自己的"平天下"之路。在他的身上,儒道之间的平衡与交融,化为一种深沉的力量,支撑他在风雨人生中从容行走。

范仲淹并非孤例。中国历史上还有许多像他一样，在进退之间找到平衡的文人。"白也诗无敌，飘然思不群。"唐代的李白，便是其中一位典范。"长风破浪会有时，直挂云帆济沧海。"李白的豪情壮志尽显于此。即便屡屡面对波折与挫折，李白也从未失去那份洒脱与超然。在人生低谷中，能放下对功名的执着，笑对得失，"且乐生前一杯酒，何须身后千载名？"这种洒脱背后，是他对生活的深刻洞察与对自我的清醒认知。李白的洒脱，不只是性格使然，更是一种对人生的智慧选择。真正的"逍遥游"并非逃避，而是洞悉世事后的从容与自适。李白在诗歌中安放了内心的复杂与困顿，将风雨化作一片诗意的天地，内心的宁静与外在的豪情在此完美交融。

宋代的苏轼，同样在儒道合一的道路上，找到了自己诗意的生活方式。政治上的起伏跌宕未曾将他击倒，反而促使他在困境中发现了与世界相处的另一种方式。"莫听穿林打叶声，何妨吟啸且徐行。竹杖芒鞋轻胜马，谁怕？一蓑烟雨任平生。"面对命运的无常，苏轼选择以豁达应对，以艺术和自然的力量"定风波"，疗愈心灵。他用行动告诉世人，诗意的生活方式并非遥不可及。正是这种对生活的细致感知，让苏轼在困顿中找到了内心的平静与满足。

在中国文人的世界里，艺术与生活紧密相连。他们通过艺术安放内心的困顿，找到诗意的生活方式。困顿来临时，或许正是人生新篇章的开始。没有太晚的起步，只有过早的放弃。改变人生的力量，蕴藏在每一个普通的日子里。外界的喧嚣虽不可避免，但我们可以选择以平和的心态去应对。这份平和，是智慧，是在纷繁复杂的世界中找到自我、坚守内心的力量。

2015年，我被诊断出患有支气管腺瘤。那段时间里，每一天我仿佛都在无尽的黑暗中挣扎，绝望如阴影般紧紧缠绕着我，让我无法挣脱。内心的恐惧和无力感像巨浪一次次将我击倒，我在无数个深夜崩溃，泪水无声地滑落下来，压抑许久的痛苦在黑暗中汹涌而出，仿佛要将我淹没。然而，正是在这样的深渊中，那些我曾经读过的文人故事如星星点点的微光，悄然点亮了我内心的一隅，为我带来了继续前行的勇气。

幸运的是，手术后，病魔没有再度来袭，我心中满怀感激，深知这是命运的眷顾，给了我一次重新审视生活的机会。这场劫难之后，我开始慢慢明白，人生的进退并不是简单的取舍，而是一种微妙的平衡。有时候，前行需要勇气，而退守需要智慧。这仅有一次的人生答卷，应该由自己执笔，而不是被他人的期望或外界的压力所牵引。从那时起，我学会了放下内心的焦虑，不再执着于必须前进或必须成功。相反，我开始珍视那些停下脚步的时刻，明白在生活中，保持内心的真诚与渴望才是最重要的。

生活本身就是一件艺术品，它需要我们用心去经营，去感知。无论世界多么纷繁复杂，我们都应保持内心的平和与从容，像云在青天，水在瓶中，始终以自己的节奏与韵律行走于世间。在这无尽的岁月中，愿我们都能在每一天的忙碌与安闲中成就更好的自己，发现生命的无限可能。

希望未来的日子里，我们都能在平凡中活出诗意，在喧嚣中找到宁静，在宁静中找到力量，在进退之间游刃有余，在平凡中发现非凡。

## 第六节 /
## 佛家：如何在无常中保持内心的安宁

佛教，源自古印度的智慧，作为宗教信仰，在历史的长河中融入中华文明的广阔脉络，影响着国人对生命本质的探索。在佛教思想里，人生如同瞬息万变的画卷，生死轮回，如梦如幻，如泡如影。这份对生命无常的深刻体会，让佛教思想在魏晋文人的心灵深处激起了层层涟漪。

魏晋时期，文人士大夫的思想与佛教哲学在动荡的时代背景下相遇，迸发出新的火花。彼时，士人正在乱世中寻找精神避难所，佛教思想中对无常的洞察，成了彼时文人面对现实苦难时的心灵慰藉。

### 1. 曹丕：从痛苦到顿悟

魏文帝曹丕，帝王的表象下应该还是文人，因为他内心深处充满对生命和友谊的执着。然而，命运并未对他温柔相待。在成为魏王太子的那一年，一场瘟疫肆虐邺城，如黑夜猛兽，吞噬了他最珍贵的朋友。徐幹、陈琳、应玚、刘桢……这些曾与他把酒言欢的挚友，如风中飘零的落叶，一夜之间被风暴席卷而去。

失去挚友的痛楚，如同一把利刃，深深刺痛了曹丕。每一个深夜，曹丕都在无尽的思索中徘徊，仿佛要从这无常的命运中寻找到答案，哪怕是片刻的安慰。他凝视夜空，在黑暗里感受无尽的孤寂与无助。那些曾经的笑声和欢愉，如今看来不过是一场黄粱美梦，稍纵即逝。那一刻，他的心中充满了疑问：为何生命如此脆弱？为何这些曾经无比真实的存在，如今却变得如此遥不可及？

就在他迷惘之际，佛教的思想，悄然驱散了他心中的阴霾。曹丕醍醐灌顶，幡然醒悟。生命如流水，无时无刻不在流逝，过去的种种，不过是转瞬即逝的幻象，执于此，只会深陷痛苦的泥沼，难以自拔。曹丕渐渐明白，痛苦源于他的执念。而这份执念如同枷锁,令他不得解脱。

与佛同参,曹丕的心境逐渐平和下来,学会放下,珍惜当下。他明白,人生如同一场短暂的旅程,途中会遇见许多风景和人,但一切终将成为过眼云烟。既然无法永恒,不如让当下成为生命中最绚丽的篇章。佛教的智慧帮助曹丕找到了安抚内心的方法,他不再追求那些难以掌控的永恒,而是将注意力转向了眼前。

佛教的智慧不仅抚慰了曹丕的内心,还为他提供了一种更为广阔的视角,使他在治国理政时更加冷静从容。曹丕渐渐看清了权力和富贵不过是过眼云烟。他不再一味追求永恒的功业,而是将目光转向当下,思考如何在有限的生命中,为国家和人民留下真正的福祉。他不再因外界的动荡而忧心忡忡,而开始以一颗平常心面对世事的起伏,以一种从容不迫的姿态迎接每一天的到来。

在《典论·论文》中,曹丕写道:"盖文章经国之大业,不朽之盛事。年寿有时而尽,荣乐止乎其身,二者必至之常期,未若文章之无穷。"身为皇帝,曹丕享尽人间富贵,人生已至巅峰,然而他深知"年寿有时而尽,荣乐止乎其身",帝王将相的权势和荣耀不过是转瞬即逝的幻影。真正能够穿越时间长河、流传千古的是精神层面的财富,是寄托在文章中的不朽之思。

## 2. 寒山:在禅意中寻找宁静

唐代的诗僧寒山,是佛教智慧的另一位传承者。在他隐居天台山的日子里,寒山以宁静的心态面对人生的起伏波澜,将生活中的苦难视为对心灵的历练。他的诗句中透露出一种坚韧不拔的力量,如同低语:即便世界无常变幻,只要内心如金刚般坚定,就能在这混乱的世间找到一片宁静之地。这种智慧,不仅仅是寒山一人的心声,也是无数文人在风雨飘摇中的共鸣。

"吾心似秋月,碧潭清皎洁。无物堪比伦,教我如何说?"寒山诗中,将自己的内心比作清澈的秋月,明净无染,仿佛一切世俗的纷扰都无法触及他的内心。超然的智慧,正是寒山在佛学中找到的力量。隐居山林,与自然为伴,远离尘世的喧嚣,在这片宁静的天地中,找寻内心的安宁与自在。

## 3. 我生命中的佛教智慧

我曾在病痛的折磨中深刻体会到智慧的力量。那段时间,我十分脆弱，不堪一击，但正是佛学的智慧，支撑着我一步步走出黑暗的深渊，迎接新的希望。

随着身体的恢复，我的人生迎来了另一个重要的转折——成为一名母亲。这一新角色让我对生命有了更深刻的理解，也让我第一次真正体会到母爱的伟大与无私。单身时，我的生活过得自由自在，四处旅行，享受生活，但总觉得自己像浮萍，没有根基。而与孩子之间那种深刻的连接与归属感，如同根须般扎入我的内心。这不仅仅是情感上的依赖，更是灵魂的归宿。

孩子给我带来的牵挂与快乐无法替代。他的笑脸总能驱散我所有的疲惫与不快。孩子是我生命的延续，正如佛家所说，生命是一种无尽的轮回，而每一个新的生命都是对这个世界的一次全新体验与挑战。

我希望孩子在我的呵护下自由成长，成为独一无二的自己。对于他的未来，我会选择尊重他的思想、天赋和个性，而不是强求他成为某种特定的人。我深信，言传身教是最重要的教育方式。我希望通过自己的一言一行，潜移默化地影响他，引导他找到适合自己的道路，成为他自己的主人。

这种感悟不仅让我更加理解了智慧的力量，也让我意识到，它不仅适用于我的孩子，还适用于每一个渴望内心平和的人。人生的真正意义，在于追求内在的宁静与幸福，成为自己心中理想的模样。

王维在《终南别业》中写道："行到水穷处，坐看云起时。"正是这种诗意的表达，让禅的智慧在中国文人的笔端得到传承。王维的诗中流露出的宁静与淡泊，正是佛教思想与中国文人气质的完美结合。

人生一世，草木一秋，生老病死，无法逃避。在佛学中，佛陀以"无常"来形容世界。世间万物，没有永恒不变。当我们在享受片刻的欢愉时，苦难或许已经悄然逼近。也就是说，只要快乐源自外部条件，那它就不可能永恒，因为外部条件始终处在变化当中。

那么，如何在这无常的世界中保持内心的安宁呢？佛教倡导要去察觉自己的念头。心灵就像一条永无止境的河流，念头就是其中的水滴，不断汇聚又消散。"自我"不过是我们心中的一个错觉。正是对"自我"的执着追求，让我们身陷痛苦的泥潭，无法自拔。

每个人都行走在水穷云起之间，时而困顿迷茫，时而豁然开朗。经历过生命的起伏波折后，才能领略生命的真谛。

希望我们都能修炼出一颗"金刚之心",以无坚不摧的智慧和勇气面对无常,找到心灵的港湾。在这无常的世界中,希望我们都能找到属于自己的宁静之岛,绽放生命。

## 第七节 / 理学：穿越时空的哲思

理学，这门探究义理之深奥的学问，与烦琐的考据、华丽的辞章截然不同。它因坚守道统而被称为道学，因在宋代蓬勃兴起而得名宋学，更因在儒学研究上开创了新的方法而被誉为新儒学。

唐宋时期，经学已如日中天，完备至极。思想家若想在此基础上再添锦绣，实属难上加难。这，便是理学应运而生的一个重要缘由。

唐宋时期，佛教、道教亦如日中天，发展迅猛。佛教学者宗密所著的《华严原人论》，竟将儒家、道教纳入佛教的理论体系之中。此举在儒家学者眼中，无疑是对儒家的极大贬低。于是，韩愈挺身而出，誓要恢复儒学的崇高地位。

韩愈，作为"唐宋八大家"之首，他的文笔惊艳了那个时代，其深邃的思想更成为理学的先驱，引领着后来者不断探索与前行。苏轼曾这样评价他："文起八代之衰，而道济天下之溺。"这不仅仅是对他文学成就的赞誉，更是对他的思想深度与广度的肯定。韩愈以一己之力，挑起了古文运动的大旗，誓要打破骈文的形式主义桎梏，让文章回归内容本身，重拾先秦时期朴实无华、不拘声律的文风。

在骈文泛滥、内容空洞的年代，韩愈犹如一股清流，毅然决然地发起了古文运动。他厌恶华而不实的文字游戏，坚持"文以载道"，力求文章回归质朴，言之有物。他不仅仅是一位领导者，更是一位身体力行的实践者。他的散文，如《师说》《马说》，每一篇都掷地有声，每一句都直指人心，让人不禁为之动容。韩愈用自己的笔，书写对儒道的执着追求，对世风日下情形的深切忧虑。

韩愈的贡献远不止于此。他提出的"道统"学说，为儒家思想注入了新的活力，也为后来的理学发展奠定了基石。他与弟子李翱共著的《论语笔解》，以全新的方法注解儒家经典，成了儒学研究的新里程碑。他坚信，儒道不同于佛老

（佛家和道家的并称）的"仁义道德"，有积极入世、勇于担当的精神内核。这种思想，不仅在当时具有振聋发聩的作用，更在后世引发了无数文人学子的共鸣与思考。

提及理学的先驱，还得聊一下范仲淹。他的思想跨越儒释道三家，但最终归宗于儒家，一生践行"儒宗儒行"。他发起的景祐兴学与庆历兴学，为理学铺设了康庄大道。想当年，范仲淹在苏州知府任上，本欲购南园建私宅，风水师一番美言，却激发了他的大儒情怀，毅然舍宅办学，苏州府学由此诞生，泽被后世。这不仅仅是一座学府，更是范仲淹"先天下之忧而忧"精神的体现。

范仲淹的兴学之举，如星火燎原，迅速蔓延至全国。胡瑗、孙复、石介等人皆因他的提携而声名鹊起。更有趣的是，当范仲淹镇守边关时，年轻气盛的张载上书，其《边议九条》让范仲淹看到了张载的才华，并认为他从文更有前途，遂赠《中庸》以勉励。张载不负所望，潜心研读，终成一代大儒，位列"北宋五子"，传为佳话。

韩愈和范仲淹，皆以非凡之举，在历史长河中留下了不可磨灭的印记，真乃时代的骄子，令人敬仰。他们用自己的行动证明了一个道理：只有不断创新，才能推动社会的进步与发展。

### 1. 格物致知，解锁自然之理的密钥

在理学的殿堂上，朱熹无疑是最耀眼的星辰。他对"格物致知"进行了深入阐释。"格物致知"如古老的咒语般深邃，召唤着我们深入自然的怀抱，探索万物的奥秘，以此洞察宇宙的大道，提炼出智慧的精髓。

朱熹在《四书章句集注》中细腻地勾勒出"格物致知"的深邃。他告诉我们，通过对自然界和社会现象的细致观察，能够触及永恒而普遍的真理。

在朱熹眼中，每个人的内心都是一片战场，道德与欲望、理想与现实在这里交织成一幅复杂的画卷。而格物致知，就是打开内心通道的钥匙，它让我们在了解外界的同时，也更深入地了解自己，将天理与人心紧密地连接在一起，天人本该合一。

周敦颐的《爱莲说》，便是对格物致知理念的最佳诠释。他以莲花自喻，表达了对高洁人格的向往："予独爱莲之出淤泥而不染，濯清涟而不妖。"这是对内心纯净与坚韧的颂扬。

丰子恺先生以"人生三层楼"比喻生命境界：物质、精神、灵魂，层层递进。格物致知亦有三境：观物安身，观人安心，观天地安神。中国文人的审美情趣深厚，古书画中尤见其真。书房茶香、案头笔墨……器物皆以自然为美，悦己亦悦友，谈笑间尽显风雅。

宋、明、民国三个时期，审美情趣各有千秋，皆成典范。琴棋书画，珍器雅玩，不仅是生活点缀，更是明心见性的媒介。器物因人赋意而生审美，书房因之意趣而生机盎然。格物致知，不仅探索物性，更观照内心，诗心与物美相融，心性由此体现。

生活中，茶书诗画，观光游赏，构筑了中国独特的审美哲学，滋养着我们的精神世界。唐诗宋词，宋元笔墨，皆是前人观物心得，能给予我们心灵上的慰藉。

格物，不仅是生活之趣，更是修身之道。抛却世俗偏见，以无用之事怡情养性，于艺术与真善中，寻觅风雅与诗意，最终达到格物明心的高远境界。

### 2. 内心修养：道德实践的修行之路

理学不仅是一套哲学体系，更是一种生活的艺术。它注重内心的修养,通过反思与直觉来认识并实践道德。在理学的宏阔哲思里,朱熹的《近思录》与王阳明的"心学"如同两盏明灯,照亮了内心修养的道路。

朱熹觉得内心修养是提升道德的关键,要通过静思和反省来提升道德修养。在《四书章句集注》中,他提到,通过修炼内心,可以达到"诚意、正心、修身"的目标。

古人以"理"字概括圣人的完美品格与宇宙的终极秩序。朱熹所讲的"天理",即使在天崩地裂、人不存在之时,依然屹立不倒,如同一套永恒的规则。而王阳明则更进一步,认为认识天理无须向外求索,因为理就在我们的心中,"心即理"。

所以,他提出的"致良知"理念,强调通过反思和修炼,发现并实践内心的道德良知。《传习录》中说道:"心外无物,心外无理。"这句话强调了内在道德修养的重要性,认为内心即道德的根源。

王阳明深谙良知之光源自百炼成钢,是世代传承的智慧瑰宝。伟大成就从不避讳风雨兼程。唯有以不屈之勇,持之以恒,才能抵达成功的彼岸。

世人常一遇困境,便怨天尤人,却不知磨难实为成长的催化剂。关键在于，你以何种姿态迎接挑战，采取行动。王阳明以自身为镜，展现了如何在逆境中磨砺良知，将挫折化为前行的动力。

王阳明是名门之后，天资聪颖，却历经坎坷。两次会试失利，未阻其志，世人以不得第为耻，他以不得第动心为耻，心怀圣贤之梦，视眼前挫折为浮云。他深知，逃避不是办法，唯有直面痛苦，培养坚韧的心性，才能洞悉良知，主宰自我。

当下你我，如何致良知？

王阳明认为，生活即修行。每一分努力，每一次坚持，都是对良知的践行。不必刻意寻找远方，化解身边小事便是致良知之门。

花草需水则浇，农田有草则除，生活琐事，皆是对天理的顺应，致良知的实践。在日常点滴中，坚持本心，做好每一件小事，便是致良知的真谛。脱离了生活实践，修行便如无根之木。唯有于细微处见真章，方能成就非凡之境。

### 3. 知行合一：在行与知的交响中寻觅真我

在浩瀚的中华文化长河中，"知行合一"如同一股清泉，滋养着无数探寻真理的心灵。这一理念，在王阳明的心学中得到了最为透彻的诠释。王阳明说："知是行之始，行是知之成。"这不仅仅是一句哲理，更是他一生践行的信条。这句话告诉我们：理论唯有在实践中得到验证，方能化为个人内在的品质与能力。

回望历史长河，王阳明以一场军事奇迹，生动演绎了"知行合一"的深刻内涵。1519年，宁王朱宸濠在南昌举兵叛乱，十万叛军如潮水般汹涌，而王阳明手中仅有两万民兵，且援军遥遥无期。在这看似绝望的局势下，王阳明却以超凡的智慧与胆识，指挥了一场攻心为上的战役。

他假装传檄各地至江西勤王，声称朝廷大军即将集结，这使宁王心生疑虑，错失战机；他施反间计，一封封"密信"如同暗箭，射穿了叛军内部的信任之网。最终，仅用一个多月，王阳明便平定了这场叛乱，这不仅展现了王阳明在军事上的卓越才能，更是心学理论在实践中的辉煌胜利。

王阳明的成功，是对"知行合一"最生动的注解，知识若仅停留于书本，便如同无根之木、无源之水，唯有将其付诸实践，方能在现实中生根发芽，绽放出璀璨的光芒。"知行合一"并非高悬于天际的星辰，遥不可及，其实它就藏在我们每个人的日常生活中,等待我们去发现、去实践。

在现实生活中,我们常常陷入"茫""盲""忙"的困境。当一个人既无知也无行时,便会感到迷茫,不知道自己想要什么,想成为什么样的人。于是随波逐流,日复一日地重复着毫无意义的生活。这种生活看似平静,实则如同一潭死水,失去了生命的活力与色彩。

而知行脱节,则会导致盲目行动。有些人心中虽有理想、有目标,却缺乏明确的行动计划,要么犹豫不决、原地踏步;要么眉毛胡子一把抓,不分轻重缓急,最终一事无成。这种盲目的忙碌,不仅无法接近目标,反而会让自己陷入更深的迷茫与焦虑之中。

更隐蔽的,是那种看似充实,实则空虚的"忙"。这种忙碌往往伴随着"乌合之众"为名为利的盲目追求,而忽略了内心的声音与真正的诉求。忙于应付琐事,忙于追求外在的认可与成功,却忘记了停下来问问自己:这真的是我想要的生活吗?这种忙碌如同无形的网,紧紧束缚着身心,使自己失去自我与幸福。

那么,如何才能摆脱"茫""盲""忙"的困境,实现真正的"知行合一"呢?关键在于知践于行、行富于知。要时刻关注自己的内心状态与行为模式，及时发现并纠正知行脱节的问题。同时，要勇于将理论知识付诸实践，通过实际行动来验证和深化认知。

"心即理""心外无理"。理学的精髓在于内心的探索与实践。要不断内省，让内心的明镜重新焕发光彩。只有这样，才能看清生活的本质与人生的意义，找到适合自己的道路与方向。

人生是一场修行，每个人都在这个过程中不断成长与蜕变。人要敢于面对挑战与困难，勇于跨越内心的障碍，真正活出生命的价值与意义。理学之本，在知在行；人生之道，在"知行合一"。

# 02

第二章

/

## 艺术之美：
### 跟随你内心的勇气
✦✦✦

## 第一节 /
## 诗词：提升你对美的感受力

诗词，是这尘世间独有的浪漫解药。

古时候中国文人用"一年将尽夜，万里未归人"寄托对远方亲人的思念；用"宁为百夫长，胜作一书生"表现了家国担当的豪情；用"春风得意马蹄疾，一日看尽长安花"酣畅抒发满心欢愉；用"何当共剪西窗烛，却话巴山夜雨时"倾诉相思之苦。

古汉语的一大特点，集大成于诗歌，一个词就是一个意象，几个意象构成了一幅写意的画，诗画间几无隔阂。文人用诗词拓展了空间与时间，那微妙的分寸，正是我们应该体会的美——"夫天地者，万物之逆旅也；光阴者，百代之过客也"。

当下的节奏很快,工作生活很卷,但你不应该一直"烽火扬州路",惦记"西北望,射天狼"。慢一些,沉浸于诗词中,去体会诗词的美,把这种美好幻化成内心的力量,用这力量成就更美好的自己。

## 1. 表达的美:精准的情绪共鸣

几千年过去,你所经历的欢聚、别离、登高、怀古,你体验过的欣喜、惶恐、悲伤、豪迈,古人亦曾有过。

那些丰富的意象,浩浩汤汤。更重要的是,你也许会因此发现生活中更多也更深刻、深远的美。许多文人格局宏大,常与月亮、太阳、山川等对话,将生命意识放大至浩瀚的宇宙之中。读他们的诗词,你会自然而然地感受到骄傲与悲壮,进而萌生宇宙意识。

庄子说"天地有大美而不言",我个人以为,宇宙意识就是以有形之物表现无形之大美。柳宗元那首著名的《江雪》,就是他被贬时逆境人生的写照。"千山鸟飞绝,万径人踪灭。孤舟蓑笠翁,独钓寒江雪。"远离尘世的喧嚣,回归自然的宁静,探索宇宙的生命本质,诗人在这里并不孤独,而是在与天地畅谈、对话。正是由于诗人是用宇宙观去看待生命状态的，所以，诗词给我们最大的审美就是空间和时间的拓展和延伸。

## 2. 自我的美：细腻的生活感知

读唐诗，感受大国之气度与豪迈，是外在之大气；读宋词，体会内在之安静，是内省之力量。向内之征服，所费功夫往往胜于向外之征服。如宋代婉约派女词人李清照，其诗词千古传世。

要知道在宋代，女子极少创作，即便有作品也难以传世。而在那些少数能流传下来的女性作品中，多有迎合男性精英文化的价值需求，比如描述居家女性对远游丈夫的思念，或是凭借自己的才华取悦男性以防失宠，抑或是表达对情人的忠贞、依恋等情结。

李清照，独树一帜。年轻时，她写词、喝酒，找到宠爱自己、取悦自己的生活方式。后来遭遇婚姻的困境，她敢于冲破礼教对女子的束缚，保持自己的本真，做最真实的自己。

她的爱好，她的诗词，皆在表达自己，与自己和解。她在《如梦令·昨夜雨疏风骤》中写道："昨夜雨疏风骤，浓睡不消残酒。试问卷帘人,却道海棠依旧。知否,知否?应是绿肥红瘦。"短短三十三个字,却集人物、景色、对话种种元素于一体,像一篇叙事散文,却比散文更加含蓄隽永;像一幅生动的仕女赏花图,但意境韵味更超出图画之外。

昨晚风雨滂沱,李清照畅快醉饮后昏然睡去。或许是昨夜纵酒太甚,这醉意一整夜也没有消去,晨起后仍觉得醉醺醺。她想到经过一夜的风雨摧残,这窗外娇嫩的海棠花定然掉落一地,于是"试问卷帘人",那窗外的情况怎么样,海棠花是否依旧娇艳?

她得到了花儿无异的答案。狂风骤雨之后,花儿必定凋残,而有心的"卷帘人"却答之"海棠依旧"。于是,李清照连用两个"知否"与一个"应是"来架构实景与心境,"绿肥红瘦",人在词中,境在词外。

李清照这一生,孤苦而又跌宕。可无论命运如何残酷,她都在恣意畅快地活着、爱着,始终没有失去一个绝世才女的骄傲和尊严。这背后不断支撑和治愈她的,就是她心中那份诗意和豁达。

### 3. 境界的美：心灵的深度滋养

身心俱疲的时候，读几首田园诗便可治愈。"复值接舆醉，狂歌五柳前"是狂放，"松风吹解带，山月照弹琴"是平和，"山路元无雨，空翠湿人衣"是宁静，"行到水穷处，坐看云起时"是旷达。

这里不得不拜服王维先生，诗中有画，画中有诗，心事成诗，诗解心结，于是有了摩诘。《栾家濑》一诗曰：

飒飒秋雨中，浅浅石溜泻。

跳波自相溅，白鹭惊复下。

波浪跳跃，鹭鸶站立，水冲下来，鹭鸶被惊动得飞起，过后又停了下来。诗人在白描，讲客观的风景，却透露出自己的心情。他在看水的时候，看到了自己的生命状态，像水波一样，来回跳跃起伏，彼此冲突，过一会儿都好了，也没那么了不起。

"跳波自相溅"是生命的冲突、对抗，白鹭飞起又落下。王维在讲自然的状态，可是这种自然状态，如果不经过一个心理阶段，置身山水也领悟不到。王维领悟到了，把它变成诗句，反照自我，成就终极内省。

所以，王维不只是一个书写田园与山水的诗人，他笔下的田园与山水同时也是他心里的风景。读王维的诗会有一种感动、感悟的感觉，因为他在描写风景时，带出了人的生命状态。

王维的诗句禅意深远，没有很难识的字，但所有的意思都在里面。这样生活，才具备真实的意义。经过繁华之后的归纳，有特殊的意义，精简、不累赘。人，本该如此。

诗词，不是文字的堆砌，而是情感的寄托。通过诗词，我们不仅可以提升对美好的感知，还可以找到一种更深层次的生活态度。爱上一首诗词，便是爱上自己，诗亦是我，我亦是诗。

## 第二节 /
## 书法：境界的转化与提升，都在练习里

很多时候，我们会觉得"等我心静了，就去练字"，但实际上，当我们处于被动状态，帮助我们的往往不是从心开始，而是从手开始。提笔展墨，以此感受你渴望的平静和节奏感。

如今，世人皆忙，时间成了奢侈品，人人都说没时间。可谁承想，练字不过半小时，而我们滑动朋友圈的时间，十倍于此。那所谓的"待我闲暇，心静如水，再行事"的瞬间，不过是空中楼阁，遥不可及。

唐代书法家怀素，为了练字，写坏的笔头堆了一大筐。他将这一筐毛笔庄重地埋了起来，命名为"笔冢"。在怀素的时代，书法不仅仅是文人雅士的必备技能，更成为修养之道，

俨然成为社会风尚的一部分。每位书法家的传奇,都是对艺术的痴情,对文化的深情告白。

练字,是一种文化的自觉,而这种文化自觉也流淌在我们每一个中华儿女的血脉中。

时代飞速发展,科技日新月异,键盘与屏幕渐渐取代了笔墨,但书法这门古老的艺术依然有着无可替代的魅力。它不仅是中华文化的瑰宝,更是我们心灵的避风港。在书法的世界里,一笔一画,都蕴含着千年的文化积淀和智慧传承,所谓一撇一捺,成"人"之姿。

### 1. 磨墨,磨去心中浮躁

磨墨,不仅是写字前的准备,也是心灵的仪式。点一根沉香,沏一壶香茶,缓缓磨墨。当松烟一层层在水中散开,入墨,心也安静了下来。

静下来,磨掉心上的急躁,是一种回归内心的修行。在快节奏的现代社会,书法提供了一个逃离喧嚣、寻找内心宁静的契机。挥毫泼墨之时,心绪也随之沉静,浮躁与纷乱,悄然消散。

书法不仅仅是技艺的展示,更是心灵的映射。每一次落笔,都像是一次心灵的洗礼。在这一瞬间,时间仿佛静止,只有笔尖与纸张的亲密接触。毛笔浸润了墨汁,笔尖触及纸面,仿佛能听到纸张吸收墨水的微妙声音,那是心灵与自然的对话。

蒋勋在《汉字书法之美》里说道:"每一次磨墨,都像是找回静定的呼吸的开始。"磨去急躁,磨去心虚的慌张,磨去杂念,方知"磨"才是心境上的踏实。

笔锋触纸,纸的纤维也被水渗透。长长的纤维,如同最细微的血脉,透着光,清晰可见养分之流向,恰似树叶之叶脉。

磨墨、调墨、挥毫,每一个步骤都是一种心灵的沉淀与净化。

## 2. 练习,方能领悟真正的宁静

初学书法的人常常会遇到许多困难:笔画滞涩,结构失衡,甚至自觉作品远逊于字帖。然,正是这些挑战,锻炼了我们的定力与耐心。每次提笔,皆是对耐性的考验。

经年累月地练习,书法技艺渐长,心境亦随之转化。因每一笔的轻重,每一画的曲直,均需心无旁骛,专注于当下。

这种专注不仅对精进书法有益,更是一种精神上的修炼。不断练习,逐渐学会在浮躁的生活中找到内心的宁静,体会到"一笔一世界,一字一天地"的意境。书法的学习,是一个从量变到质变的过程。

在不断的练习中,手感日臻完善,笔法越发纯熟,心境亦越发平和。这种从练习到提升的过程,是书法学习中最令人欣慰的部分。

每一笔,每一画,都是对心灵的雕琢与磨砺。真正的宁静,往往寓于这不懈的练习之中。王羲之在《兰亭序》中写道:"当其欣于所遇,暂得于己……"在有限的时光里,一切都是暂时的,真正能够让我们感到满足的,是那一刻的专注和投入。书法的练习过程,正是这样一种专注和投入的体验。

不断练习,不仅让我们提升了书法技巧,更学会了珍惜当下,享受每一个练习的瞬间,感受到心境的渐渐平和。此刻观照之平静以及所积蓄的能量,远超生活中的波澜起伏。浪涛之于沧海,终归是平静的一滴水。

就像你看向波浪,感受到情绪的起伏,但也能感受到内心如海般深远平静。这样的书写练习中,每一次接纳都能让我们扩大心的容量,接近大海的品质,有容乃大,上善若水。

书法的魅力就在于它能够在纷繁复杂的生活中，为我们提供观照内心的时光。

很多人认为练字需要一个安静的环境和心态，但事实上，真正的平静始于坐下"开始"。

### 3. 书写，体会传承的力量

提笔书写，专注于一笔一画，体会直线的耿直，曲线的婉转，"方"的端正，"圆"的包容。我认为中华文化的核心价值，体现在汉字的书写中。

在书写的过程中，你能感受到"忠"的耿直和坦荡，"仁"的包容和温暖，"礼"的端庄和敬重，"智"的深思和灵动，"信"的诚实和可靠。核心价值通过汉字的形态与结构得以表达和传递。

在书写的过程中，你能体会到一种宁静和满足，感受到一种与古人心灵相通的美妙——字通古人心。这种感觉，就像是穿越了时空，与那些伟大的书法家共聚，共赏文字之美，共探中华文化之博大精深。

每一个汉字，都是一个小小的载体，承载着几千年的文人智慧与文化传统。一笔一画之间，皆在传承与弘扬中华优秀传统文化的精髓。因为每一个字都是一个故事，每一笔都是一段历史，每一画都是一份情感。

当然，在练习的过程中，难免会遇到笔锋不顺、墨迹晕染之困扰。但正是通过不断调整和改进，我们学会了坚持不懈，迎难而上。书法中的每一个缺陷的弥补，都是不断完善自我的过程。

书法之美，不仅在指腕之间，更在心灵之上，是做人之本、处事之道，最终成为与自己相处最真实的仪式。

## 第三节 /
## 绘画：少有人看见的美

在中国当代艺术界中，你会发现一个有趣的现象：那些声名显赫的艺术大家，他们年轻时多是西方艺术的狂热追求者，沉浸在油画、水彩、雕塑的世界里。这似乎是时代的必然，因为美术学院的大门，总是以西方写实的素描为敲门砖。然而，岁月流转，当他们步入人生的沉稳阶段，不约而同地回归到了山水人文画的怀抱，重拾起中国画的笔墨与意境。这不仅仅是个人的选择，更像是中国艺术家命中注定的归宿。中国画，恰似那些风骨铮铮的中国文人，它淡然自持，从不刻意逢迎，只是静静地伫立在那里，如同一座不可动摇的山峰。它深知，岁月流转间，那份独特的韵味与深邃终将如磁石般不由分说地吸引着你，让你沉醉于它的无尽魅力之中，无法自拔。

中西绘画，各有千秋，而究其根本，差异在于西画偏于"目视"，中国画则重"神遇"。西方学者曾言，"西方画是科学的，中国画是哲学的"，此言非虚，颇有见地。"目视"，即以眼观之，直观其表；"神遇"，则是以心领之，深悟其里。当然，西画亦非全然无"神遇"，只是更侧重于"目视"；而中国画，虽始于"目视"，却终归于"神遇"。西方人眼中的玫瑰，花红叶绿，形态肥美，目视之下，美不胜收，故而常以此花赠予情人，表达爱意。

而中国文人则认为石头最美，梅、兰、竹、菊最美，更将这四位誉为"四君子"。石头之美，在于其独立自由，不倚不靠，冷热不改其容，寓意做人之耿介正直，宠辱不惊。梅、兰、竹、菊，则各自承载着独特的品质：梅之傲骨、兰之幽韵、竹之坚韧、菊之淡泊，它们共同诠释了自强不息的精神内核，外在清华而不失内敛，拒绝媚俗，坚守自我。此四者非目视之美，需心领神会，需进行哲学分析，方能感其美，悟其韵。

中国画之独特，更在于其强调人性与情感的深厚表达。苏轼有诗云："论画以形似，见与儿童邻。"其意在于，绘画不能只重形似而忽略了神韵的表达与意境的营造。《道德经》言"五色令人目盲",《庄子》亦言"朴素而天下莫能与之争美"。故中国画崇尚墨色,认为越纯粹之物越好,越沉静之心绪越佳。中国画用墨,虽是一笔墨色,却变化多端,内涵丰富。此变化,目所能视者,干、湿、浓、淡也,然内在之变化,只有学养深厚之人方能感受。中国画每一笔线条,讲求用笔之阴阳、顿挫、来回、顺逆、侧转,内蕴山林气、书卷气等品格修养要素,甚至还能体现出画家当下之情感状态。故中国画关于美、细节、材料本身之体悟,已经超然到另外一个层面,即不再纠结视觉本身之像与不像,而是更注重内在韵味与意境营造。

中国传统艺术与美学,总是关注着生命的体验和精神的超越。作为宇宙时空的匆匆过客,我们或许无法看尽青山白云,赏遍春秋冬夏。但画家却用他们的笔触,与山川云水、草木虫石进行着永恒的对话。在"无我之境"中,他们追问着生命的意义,用宏大的关怀去叩问人生的价值。如此看来,中国画不仅是一门艺术,更是一种生活的态度、一种哲学的思考。它教会我们如何在喧嚣的世界中寻找内心的宁静与自由,如何在短暂的人生中追求永恒的意义与价值。宋代,是中国绘画史上一个璀璨的时代。那些静默在宣纸上的点点墨迹，传递出古人对天地万物的思考和感悟。这些画作是一种哲学的沉淀和情感的表达。

在宋代绘画中，最引人注目的莫过于山水画。山水画不仅表现了自然的美丽，更表达了画家对自然的敬畏和热爱。通过细腻的笔触和浓淡相宜的墨色，展现出一个个如梦似幻的世界。在这些画作中，山川草木、飞禽走兽，都被赋予了灵性和生命，它们不仅是画面的组成部分，更是画家心灵的寄托。

我很喜欢《西园雅集图》这幅画，西园雅集是由宋代王晋卿发起的。据称苏轼、苏辙、黄庭坚、秦观、李公麟、米芾、晁补之、张耒等名士都参加了。王晋卿还邀请李公麟将这次雅集绘成《西园雅集图》。后来，马远、刘松年、唐寅等诸多画家都摹绘过此图。

在《西园雅集图》中，文人总是穿着官服，姿态庄重；他们欣赏的作品是自己的收藏，主要是山水画，这在宋代已成为一种审美传统。这种表现手法被称为"画中画"，即画外的观者与画中的观者一起欣赏画里的那幅画。这种手法打破了原有的空间，让画外的观者与画中人处在同一个空间，极具巧妙之处。

文人们或吟诗作画，或抚琴赏景，整幅画充满了文人雅趣和诗情画意。他们不仅追求艺术的极致，更在探索人生的真谛和精神的超越。这些画作将他们的生活情趣和精神状态永远定格在历史的长河中。

《西园雅集图》以西园为背景，描绘了宋代文人的雅集情景。画中人物各自忙于吟诗、作画、抚琴、品茗，呈现出一幅生动的文人生活画卷。这幅画不仅体现了文人的艺术追求和精神生活，更折射出宋代文人阶层的生活方式和思想境界。

文人衣冠整洁，神态自若，在西园中尽情享受大自然的美景和人文的雅趣。园中有曲径通幽的小径，水榭亭台，翠竹红花，潺潺流水，每个细节都充满诗情画意。这些景物不仅是画面的一部分，更是文人精神世界的投影。他们在此远离尘世的喧嚣，寻找到内心的宁静和超然。

与现代知识分子的聚会相比，古代文人的雅集多了一份文化底蕴和精神追求。现代聚会充满商业化和功利化的色彩，缺少文化氛围和精神交流。而古代文人的聚会是在文化和艺术的氛围中进行心灵对话和思想碰撞。他们通过诗词书画表达内心情感和人生思考，寻找精神寄托和心灵共鸣。

《溪山行旅图》是另一幅体现宋代画家艺术造诣的作品，

这是一张尺幅巨大的山水画，画中的高山仿佛是一座巨大的纪念碑，因此属于"巨碑式山水画"，这件作品被称为"宋画第一"。在《溪山行旅图》里，有两道空白。第一道是山间的路，也就是旅人走的这条路，在靠近画面底部的位置。第二道空白在路的上方，在画面下部约三分之一的位置。这条空白不是路，而是一片雾气腾腾的山谷空间。

这两道空白将画面分成了三部分：第一部分描绘了路和路上的行人；第二部分是路上方的两座小山，小山上绿树丛生，尤其右边的小山峰上布满了尖锐的松树剪影；第三部分是作为背景的大山峰，仿佛一座巨大的纪念碑。

第一部分表现的是一个生活化的场景，两个人赶着四头驴，沿着山路走来。驴身上驮着很多行李，似乎走得很辛苦。中景是两座小山，右侧长着茂密松树的小山峰上，有一片寺庙。

画中描绘了行旅在西山中的场景。远处青山连绵，云雾缭绕，近处溪水潺潺，树木苍翠，行旅在山水间前行，仿佛与自然融为一体。画中的人物虽然渺小，却显得十分悠然自得。他们在大自然的怀抱中，感受到了生命的美好和宇宙的浩瀚。这种人与自然的和谐，是宋代山水画的精髓所在。

宋代的山水画强调的是"可游、可居、可观"。在这幅山水画中，看见的不只有风景，还有内在的精神。

面对它，观看者会产生一种敬畏之心，敬畏的对象可能是北宋政权，可能是大自然，也可能是以儒家思想为核心的汉文化。无论从哪个角度来说，这幅作品都呈现了北宋初年的一种世态，一种文化。尽管时隔九百多年，北宋王朝已经不在，但是我们看画的时候，似乎还能感受到一个时代的磅礴气势扑面而来。

《寒江独钓图》则是另一幅充满哲理意味的作品。画中描绘了一位老者独自坐在寒江边垂钓的情景。江水清冷，远山寂静，整个画面给人一种宁静而深远的感觉。这幅画不仅表现了钓者的闲适，更传递出一种超然物外的精神境界。

老者在寒江边垂钓，仿佛是在与天地对话，与自然交流。他的孤独和宁静，反映了宋代文人追求内心平静和精神超脱的思想。这种超然物外的精神境界，是宋代文人追求的理想生活状态。

宋代的画作，如一卷卷展开的长卷，将我们带回那个充满诗情画意的时代。

从这些画作中，我们可以感受到古人的智慧和情感，体会到他们对自然、人生和社会的深刻思考。

## 第四节 /
## 音乐：古琴与心灵的对话

　　古琴，弦上雅韵。自古便以"琴"字轻启世间风华。传说由神农伏羲之手赋予生命，其音跨越千年时光，依旧能温柔地抚平现代人内心的波澜。

　　在《诗经》的温柔篇章里，《关雎》轻吟着"窈窕淑女，琴瑟友之"的柔情，《鹿鸣》则高歌"我有嘉宾，鼓瑟鼓琴"的欢聚。古琴，不仅是乐器，更是文人雅士心灵的寄托，以其深沉独特的音韵，使浮躁的心灵归于平和之境。

　　在中国古代，琴棋书画是文人雅士的必修课，琴居于首。清和淡雅，一如文人飘逸洒脱的生活态度。古人有云："士无故不撤琴瑟。"今日言之，便是真正的文化人，必懂琴瑟之音。

《左传》亦载:"君子之近琴瑟,以仪节也,非以慆心也。"琴与读书人的不解之缘,自先秦始,绵延至今,千百年来,抚慰着门阀士子、闺阁女儿的心灵。唐诗中"琴剑事行装,河关出北方",琴与剑,不仅是出行的伴侣,更是刚柔并济、儒侠的象征。

中国传统文化中,音乐被赋予了至高无上的地位,与礼并重,关乎世道民心。"移风易俗,莫善于乐。安上治民,莫善于礼。"礼与乐,配以刑政,方能社会安定,天下太平。《礼记》有言:"礼乐刑政,其极一也,所以同民心而出治道也。"对于士大夫而言,礼乐片刻不可离身,琴瑟之声,是对他们精神世界的温柔慰藉。

有趣的是,中国人对具体操作层面之事常持不屑态度,视之为雕虫小技。君子、士大夫有更高远的追求,如治国平天下。即便在书房,正事也是作文、吟诗、练书法、绘画,抚琴不过是偶尔的自娱。古琴音乐,便在这矛盾中蹒跚前行,逐渐成为文人专属的艺术。他们不以音乐为业,却能将深邃的哲理、丰富的想象力、创新的技巧融入音乐之中。他们博古通今,文笔犀利,赋予音乐更深沉的灵魂,推动其发展至新的高度。

魏末嵇康,竹林七贤之一,博学多才,崇尚老庄思想。面对当权者的迫害,从容不迫,临刑前慨然而奏《广陵散》,以琴声表达内心的激愤与不平。从此,《广陵散》成了中国文人抒发情感的经典,其音激昂澎湃,直击人心。

无数诗人亦爱琴、颂琴。白居易在《船夜援琴》中写道:"鸟栖鱼不动,月照夜江深。身外都无事,舟中只有琴。七弦为益友,两耳是知音。心静即声澹,其间无古今。"这五言绝句,道出了诗人对琴乐的深刻理解与超凡脱俗的追求。心静如水时,琴声亦淡,仿佛穿越时空,无古无今,让人感受到中国古代知识分子那份甘于寂寞、淡泊名利的高尚品质,以及对天人合一、崇尚自然的艺术美的独特诠释。

张祜的诗则让人领略到了庄子思想的深邃与玄妙。"玉律潜符一古琴,哲人心见圣人心。"哲人面圣,由琴而入,感天地律动,历古往今来,终究是人与道的合一。

从古琴曲《梅花三弄》《阳春白雪》《碣石调·幽兰》等作品中,不难发现文人音乐对人格美的追求与向往。作品以隐喻和象征的手法表达着一种超越物质世界的精神寄托与追求。《高山流水》《平沙落雁》《潇湘水云》……每一曲都如同一幅幅流动的画卷，展现出诗情画意与孤高飘逸的文人气质和格调，是中国古代文人生活态度和人格的真实写照。

古琴之美，更在于它触动人心的力量。古人抚琴择净室高堂，清风明月，夜下焚香，此时则心无旁骛。置身此景，恍若置身仙境，超脱尘世烦恼。在浮躁的现代生活中，抚奏古琴让人寻得内心的安宁与平静。其低音沉稳，高音清亮，音色独特多变，直触人心最柔软之处。

每当心绪不宁，我便会端坐于琴前，焚香抚琴。作为一名古琴爱好者，虽然技艺尚浅，但每当我指尖轻触琴弦的那一刻，便能感受到与知音对话的期待与喜悦。古琴不仅是乐器，更是心灵的知己。指尖流淌的每一个音符都拥有生命，触动心弦，进而穿越时空与古人产生共鸣。

今天，我们的生活似乎少了些古人的情趣，但古琴依然是我们寻找内心宁静与美好的途径。不必远离尘嚣，只需在闲暇之余，给自己一壶茶的时间、一炷香的闲情，抚琴听琴，把情趣带进生活。

知音难寻，却不妨碍我们心怀期待。在忙碌的生活中，给自己寻一方净土,让古琴的旋律洗涤心灵,等待那个能读懂你琴声悲喜的人。只要心中怀"遇",所有的流水都昭示着知音的出现。于是,更加欣然,空谷回音,水流花开,慢慢等待,等你的身影破雾走来,来一场邂逅,听一曲时光漫漫,琴曲如情趣,吟唱圣人心。

# 03

第三章

/

## 生活之美：
### 培养情感和感觉，比思想更重要

✦✦✦

## 第一节 /
## 日常饮食：从食物到餐桌礼仪，让人间值得

在中国文人雅士的世界里，美食被赋予了远超果腹的深意，它是对"食之有道"的极致追求，如同品鉴一支悠扬的乐曲或一幅淡雅的水墨画，皆是对美好事物的细腻鉴赏。

想象一下，当天已破晓，文人便开始了一场关于"食"的修行。《论语》中的"食不厌精，脍不厌细"，不仅是古人对美食的苛求，更是对生活品质的极致追求。在那个温饱尚为奢望的年代，中国人已懂得在食物中寻觅诗意，每一刀、每一勺，皆是匠人之心；每一口滋味里，都藏着对生活的无限热爱。

这种态度不仅体现在对食材选择和烹饪技巧的讲究上，

更体现在饮食过程中礼仪、环境以及与人共享的体验上。食材多源于自然,通过烹饪技法和调味料的选用,让食材变得美味神奇。古人赋予烹饪饮食文化范畴的意义,背后凝结着生活观念与信仰的传承,勾勒出故乡在我们胃里的模样,让我们对食物产生超越饱腹的体验。

而食物一旦叠加了情感,它便进一步打通了中华文明的经脉,推开了中国人心灵世界的大门。现在,我将邀请你一同推开这扇大门,感受中国文人与美食之间那份深厚的情感纽带。

### 1. 顺时与健康

中国文人追求天然、简单但不失美味的饮食方式。他们认为食物的美味来自大自然,从中可以感受春夏秋冬,时光流转;感受生机勃勃,生命绽放,身体和心灵因此得到滋养。

袁枚的《随园食单》、林洪的《山家清供》正是这一追求的体现。《随园食单》所记录的,并非官场大型宴席上奢华的"官府菜",而是考究精细的私房佳肴。这本书反映了袁枚的生活状态和他对美食的执着。

按照袁枚的自述,每次在别人家吃到好菜,便让自己的厨师登门去学，再将制作方法悉心保存。积攒下这本《随园食单》，用了四十年的时间。可以说，袁枚是把口腹享乐当成头等大事来坚持的。这本书的诞生，离不开广泛的交际圈、充裕的闲暇时间和对美食的执着，三者缺一不可。

《随园食单》代表了当时社会流行的口味，有小菜一碟，也有饕餮盛宴。书中提到的一部分食材相当昂贵。例如，燕窝不吃则已，吃就要每碗二两。若在下面垫肉丝鸡丝，只在表面放三钱燕窝，一筷子就挑完了，那就是乞丐炫富，反倒显得贫气。

《随园食单》还展示了追求简洁与健康的生活哲学，袁枚倡导的世俗享乐，是对本性的回归，他认为人的欲望是天地运行的自然动力，不需要虚伪地掩饰。袁枚这种既自在又自洽的态度，正是他对中国文化的贡献所在，也是那个时代所稀缺的人生态度。

林洪也在《山家清供》这本书中记录了自己品尝甚至亲手烹饪过的食物，收录了一百多种宋代菜肴，涉及菜、羹、汤、饭、饼、面、粥、糕团、点心等，从原料的选取、加工到烹饪，乃至风味独特之处都有细致的描述，为研究宋代的饮食文化提供了珍贵的原始资料。

## 2. 情感与趣味

在中国文人的生活中,美食不仅是一种物质享受,更是情感的寄托和生活态度的体现。沈复在《浮生六记》中以细腻的笔触描绘了他与妻子陈芸共同烹饪和享用美食的温馨时刻。

沈复不喜欢准备太多菜,只爱喝点小酒,芸娘便依他的喜好,为他置备了一个梅花盒:二寸白瓷深碟六只,中间放一只,外头放五只,用灰色漆过一遍,形状摆放犹如梅花,底盖都起了凹棱,盖上有柄,形如花蒂。置于案头,如同一朵墨梅覆于桌上。打开盏来看,好像把菜装在花瓣里一样。二三知己聚会喝酒时,可以随意从碟子里取东西来吃,吃完了再添。很精巧方便,也省得摆一桌。

沈复作为苏州人不只爱吃,还讲究美食美器、美景美人。整部《浮生六记》里,沈复和芸娘都在琢磨,如何让吃的过程更加风雅。夏天,他们租了别人菜园旁的房子,纸窗竹榻,取其幽静。竹榻设在篱笆下,酒已温好,饭已煮熟,就着月光对饮,喝到微醺再吃饭。沐浴完了,二人穿凉鞋、持芭蕉扇,或坐或卧,更鼓敲到三更了,才回去睡下,通体清凉。

九月菊花开，赏菊花吃螃蟹。沈复说贫寒之人的起居饮食宜俭省而雅洁。这样的生活更能过出味道来。

在沈复和芸娘的生活中，食物不仅仅是维持生命的必需品，更是他们表达情感和享受生活的重要方式。沈复用他的文字，让我们感受到生活的温暖与美好。他通过对日常生活的细致描绘，展现了他对生活的热爱和对美食的追求。

这些看似平淡的细节，正是他们生活中最真实、最动人的部分。沈复和芸娘用他们的智慧和热情，让平凡的生活变得不平凡。他们通过对美食的追求和享受，让我们看到生活的美好不在于物质的丰盈，而在于心灵的满足。在他们的世界里，美食不仅是食物，更是生活的艺术，是情感的表达，是对生命的礼赞。

### 3. 文化与传承

文人记录美食，不仅传达了他们的生活方式和饮食理念，还反映了当时的社会文化和价值观。美食成为文化传承的重要载体，通过食物，我们可以看到历史的变迁和文化的延续。

孟元老在《东京梦华录》中详细描述了北宋东京的饮食文化，从豪华的宴席到街头的小吃，展示了宋代人对美食的热爱和讲究。通过这本书,我们可以窥见北宋时期饮食文化的多样性和精致程度,以及文人对生活细节的关注。

在东京汴梁最繁华的闹市区,夜市彻夜不休,就算是相对偏僻的地方,夜市也得到三更才会打烊。夜市的东西性价比高,东西不贵,门类非常齐全,从面点、卤味、腌菜、小吃、冷饮到水果,应有尽有。

宋代,全民喜爱的特色小吃莫过于"水饭"。水饭有点像我们现在喝的粥,但它经过发酵处理,口感偏酸甜,而且往往会在冰水中过凉,非常适合夏天吃。甚至士大夫在摆席时也会把水饭当作一道餐后的甜点。

孟元老通过他的文字,把我们带回了那个人声鼎沸、灯火通明的夜市,让我们看到那些琳琅满目的美食,感受那个时代的繁华和生活的细腻。他的描述,不仅仅是对食物的记录,更是对文化的传承和对生活的赞美。

美食成了文化传承的重要载体,通过食物,我们感受到了历史的脉动和文化的延续。孟元老用他的笔,将这些珍贵的记忆保存下来,让我们得以通过文字重温那段美好的时光。

最抚凡人心的一饭一蔬,皆是艺术。

"人间有味是清欢。"著名书法家张耀山先生曾挥毫泼墨,书写了一幅苏东坡的《老饕赋》赠予我。每当宾客临门,我便乐此不疲地分享《老饕赋》背后的故事,朋友们听后,往往感慨万千,感叹中国文人对生活的那份深沉热爱。

在中国文人的笔下,食物是有生命、有个性的,人与食物的关系也是和谐自然的。那些文字的质感值得反复咀嚼,它极为鲜活,有淡淡的幽默,有生活的质朴,有内心的温润,也有散淡的情趣。

单调忙碌的生活中,让一日三餐成为抚慰心灵的音符。心存美好,即便孤身一人,你也能找到好好吃饭的动力。然后,鼓起勇气,爱上生活。

## 第二节 /
## 服饰文化中蕴含的智慧与哲思

  谈及人类的基本生活需求，不过衣、食、住、行四字，"衣"在首位，这绝非简单的排序游戏，只因"中国有礼仪之大，故称夏；有服章之美，谓之华"。服饰，已然成为中国文化显性表达的宣言。款式、色彩、纹饰，乃至穿着的方式，都不仅仅是物质层面的展现，更像是一种无须言语的密语，诉说着"衣不在衣而在其意，纹不在纹而在其文"的深刻哲理。

  我们的祖先披着兽皮与树叶，在风雨中蹒跚了无数岁月，终于艰难地跨入了文明时代的门槛，学会了用衣物遮身暖体，创造出了物质文明的辉煌。追求美，是人类天性使然。衣冠于人，就如同金装之于佛像，其作用不仅仅在于遮身暖体，更在于那份美化的韵味。

几乎从服饰诞生的那一刻起，人们就将自己的生活习性、审美情趣、色彩偏好，以及种种文化心态、宗教观念，都融入了服饰之中，形成了服饰文化的精神内核。

在中国古人的智慧里，人被视为肉体与精神的和谐统一体，而服饰，则是这内在精神世界的外在反应。儒释道，乃至百家思想的精髓、做人的准则，以及朴素而深远的天地观念，都被巧妙地编织在一针一线之间，融入服饰的每一寸肌理。如此，服饰便成了穿着者无声的名片，静静地讲述着自己的故事，映照出心灵的风景。

## 1. 面料

在古代，面料不仅是织物的代名词，更是精神与哲学的象征。中国古代面料的选择与制作，无不体现出对自然资源的珍视与合理利用，蚕的养殖、棉花的种植、麻的采集，皆是古人顺应自然、与自然和谐共生的生动实践。

回溯历史长河，五六千年前的新石器时代中期，中国便已开启了养蚕、取丝、织绸的辉煌篇章。三皇五帝时期，古人已用麻纤维和草制成麻布。至商代，丝绸生产已初具规模，工艺精湛，织机和织造手艺复杂多样，还出现了织有几何花纹和采用强捻丝线的丝织物。

周代，人们以自然发酵之法加工苎麻，经过二十多道工序，手工织就苎麻布。《诗经》中记载了古人以葛、纻等草木纤维制成麻类单衣的情景。这一时期，栽桑、育蚕、缫丝技艺已达到极高水平，束丝成为规格化的流通物品。

提花花纹崭露头角，丝绸生产遍地开花，花色品种丰富多样。至春秋战国时期，丝织技艺更是得到了极大发展，丝织品种类繁多，有的还加上了刺绣花纹。从西汉时期开辟的西域"丝绸之路"，到唐宋时期繁盛的"海上丝绸之路"，中国成了举世闻名的纺织品之乡。唐朝时期，丝绸生产达到了鼎盛阶段，无论产量、质量还是品种都达到了前所未有的高度。

古代的丝织品命名多依据织物的组织、花纹、色彩而定。现代丝绸沿用旧名者众多，如绉、绫、绨、绢，同时也吸纳了一些外来语，如乔其、塔夫绸等。事实上，中国纺织材料丰富多样，除了丝绸、棉麻，还有取材于兽皮的裘衣、取材于羊毛的毛毡等。

每一个地方、每一个时代都有自己最具代表性的产品。中国传统布料种类繁多，目前可分成纱、罗、绫、绢、纺、绡、绉、锦、缎、绨、葛、呢、绒、绸等十四大类。每一类都蕴含着中国古代人民的智慧与创造力，是中国古代服饰文化的瑰宝。

《红楼梦》作者曹雪芹儿时故居位于南京江宁织造府，曹氏三代均在此担任要职，可谓在丝绸文化的熏陶下成长。《红楼梦》中亦可见江南丝绸文化的痕迹，前八十回多次提及繁复精妙的丝绸服装、面料，令人惊叹。曹公笔下，绫、罗、绸、缎、锦、纱、绡、绢等丝绸品种应有尽有，生动展现了清代中后期丝绸制造与贸易的盛景。

## 绫

绫，在众多面料中，应是我们最为熟知的了。在古装剧中，常可见有罪的后宫嫔妃被赐予"三尺白绫"，由此可见此类丝织品之结实耐用。绫，乃斜纹织法之提花丝织物，经纬交织成斜线，光泽熠熠，弹性非凡。此织物源于汉代之前，盛于唐宋，至明清缎织物兴起之时，渐少为衣料所用，而今则常用于书画装裱。

唐代时，绫尤为盛行，其中缭绫更是名声显赫。缭绫产于越地，质地细腻，文采华丽，唐代时更作为贡品，可见其尊贵地位。织造绫，对纱线要求颇高，而花绫花纹多样，织造技术更是要求精湛。加之古代织造机器笨重，绫的生产效率低下，产量稀少。

然而，绫的触感优异，光泽动人，达官显贵争相追捧。唐代官员所穿官服，便是以不同级别之绫为衣料，足见其地位之高。白居易曾为缭绫创作名篇《缭绫》。"异彩奇文相隐映，转侧看花花不定。"描绘缭绫之变幻莫测，从不同角度观赏，便呈现出各异的异彩奇文，令人叹为观止。

《红楼梦》中对绫的色彩描绘细腻，红、水红、杏子红、石榴红、葱黄、月白、松花色、藕色等，琳琅满目。书中多述及绫的日常用途，如衣物、幔帐、包袱等，贾府众人的衣物不乏绫类织物。如第八回所述，宝玉探病宝钗，当日宝钗便身着"蜜合色棉袄，玫瑰紫二色金银鼠比肩褂，葱黄绫棉裙"。

第三回黛玉初入贾府，亦有小丫鬟身着"红绫袄、青缎掐牙背心"。除衣物之外，绫亦现于寝具之描写，如黛玉"严严密密裹着一幅杏子红绫被，安稳合目而睡"，以及贾母曾命人取"白绫帐子"予宝钗。绫之身影，于《红楼梦》中无处不在，尽显其于当时生活之重要地位。

## 罗

相较于绫的光洁，罗以轻盈雅致、华贵高洁而受皇家贵族钟爱。古时，"锦江水涸贡转多，宫中尽著单丝罗"，罗织物以其独特方式绞经编织、疏密有致、轻薄透气，在上流社会极为流行，成为历代王公贵族封赏、享用的贡品。

尤其在炎热的夏季，罗因其质地轻薄、透孔凉爽成为南方民间极为青睐的高级丝织品。罗，常被赋予"轻罗""云罗""雾罗"等美名，亦屡屡成为历代文人墨客笔下的佳句。

东汉末年，有位以采桑为生的秦氏女子罗敷，身着绮罗，"缃绮为下裙，紫绮为上襦"，其华丽衣着令众人驻足。这位最早步入文学殿堂的女子，言笑晏晏间，不卑不亢地拒绝了赵王的诱惑。那袭丝罗，恰如主人品行，看似妖艳，实则高洁。

"罗衣何飘飘，轻裾随风还。"三国时，曹植在诗中如此描绘罗。盛唐之时，"衣轻罗"更是贵族女性的时尚标志，唐代贵妇的"罗薄凝脂"在《步辇图》《簪花仕女图》中完美呈现。宋代才女李清照的"轻解罗裳，独上兰舟"，亦让人遐想无限。

《红楼梦》中,"软烟罗"尤为出名。此罗极薄,可用于糊窗屉或做帐子。第四十回中,贾母见窗纱颜色旧了,就和王夫人及众人讨论换上新纱的事,说到软烟罗这种纱时,贾母这样说道:"那个软烟罗只有四样颜色:一样雨过天晴,一样秋香色,一样松绿的,一样就是银红的。若是作了帐子,糊了窗屉,远远地看着,就似烟雾一样,所以叫作'软烟罗',那银红的又叫作'霞影纱'。如今上用的府纱也没有这样软厚轻密的了。"可见,即便是阅尽名布的贾母,也对软烟罗赞不绝口。

流传至今的古诗词中,不乏描绘"罗"的佳句,"罗裾薄薄秋波染,眉间画得山两点""记得绿罗裙,处处怜芳草"……通过这些意境悠远的诗词,我们仿佛能窥见一袭罗裙的古代女子,她们或羞涩低眉,或笑语盈盈,眼波流转间,尽显婉约柔情。

## 绸

绸是丝织物的一个大类,指的是采用基本组织或混用变化组织,抑或是无其他类丝织物特征的、质地紧密的丝织物,它是丝织品中最重要的一类。绸一般属中厚型,质地紧密。

绸出现于西汉，明清以来成为丝织品的泛称，现在人们习惯将"绸缎"连在一起作为丝织物的总称。

《红楼梦》中提到的绸包括宫绸、茧绸、绉绸和洋绸。宫绸顾名思义是皇室宫廷的专用绸料，工料极为考究。元妃省亲时送给贾母的赐物就包括"宫绸四匹"。

茧绸是一种用柞蚕丝为原料制成的绸，丝质较粗。刘姥姥到贾府来"打秋风"，平儿给她介绍凤姐所送的礼物时说："这是两个茧绸，做袄儿裙子都好。这包袱里是两匹绸子，年下做件衣裳穿。"同时还贴心地接待，"另外送你一个实地子月白纱做里子"。绸作面料，纱作里衬，刘姥姥本是农民，絮上棉花就成棉袄了。

绉绸则是一种上等丝织品，具有自然产生的皱褶，通常用作皮革服饰的面料之一。书中第四十二回写道贾母"穿着青绉绸一斗珠的羊皮褂子"；而第三回和第六回中也描写了王熙凤穿着"大红洋绉银鼠皮裙"和"翡翠撒花洋绉裙"；可见绉绸是贾府中人钟爱的面料之一，独具特色。书中多次写到贾母穿绸褂子、宝玉穿绸裤子等，连宝玉的丫鬟麝月穿的都是"红绸小棉袄儿"。

### 缎

缎是一种比较厚的丝织品,因为其经纬丝只有一种显露在织物表面,所以缎的外观平滑,具有光泽感。缎具有柔顺且脆弱的特点,这是因为缎纹组织的浮长线是最长的,因而很容易勾丝,不易修补。

《红楼梦》中缎类织品的身影频频出现,花色品类之丰富,堪称丝织物中的翘楚。云缎、倭缎、蟒缎、妆缎、羽缎、宫缎,每一种都承载着独特的韵味与故事。特别是妆缎,又被称为妆花,其织造方法别具一格,在地纬之外,另用彩纬形成花纹,配色多样,生动优美,犹如画中的仙子,翩翩起舞。而蟒缎更是书中的常客。宝玉见北静王时,北静王身穿"江牙海水五爪坐龙百蟒袍",以及王夫人屋内的"大红金线蟒靠背、石青金线蟒引枕、秋香色的金钱蟒大条褥",都尽显蟒缎的富贵与高档。蟒缎,其实是妆缎中的一种,织的是龙蟒纹的花纹,犹如龙腾虎跃,彰显着无上的尊贵与荣耀。

## 2. 纹饰

中国传统文化里的美学积累,也投射到衣服的纹饰上。

衣服的纹饰不仅仅是装饰的元素，更是文化符号和精神内涵的载体。

### 龙纹：威严与权力的象征

龙作为中华文化中的图腾，象征着至高无上的权力和威严，因此龙纹是中国古代服饰中最具代表性的纹饰之一。在帝王的服饰上，龙纹被大量使用，特别是在皇帝的龙袍上，龙纹不仅仅是装饰，更是皇权的象征。正如《周易》所言："见龙在田，天下文明。"龙纹的出现，不仅象征着帝王的权威，更寄托了古人对天命和王权的崇敬。

在民间传说中，龙不仅是神秘的生物，更是力量和吉祥的象征。人们相信，穿着带有龙纹的服饰，可以获得龙的庇佑，带来好运和繁荣。因此，龙纹不仅出现在皇室贵族的服饰上，也在重要的庆典和仪式服装上广泛使用，体现了人们对力量和吉祥的追求。

### 花纹：美好与自然的象征

花纹，在中国古代服饰中的地位同样重要。花朵自古以来就是美好、纯洁和自然的象征，花纹的使用不仅仅是为了美观，更是为了传达对自然和生命的热爱。花纹的点缀，让人仿佛置身于春日的花海中，感受生命的勃勃生机。

不同的花纹也有不同的寓意。莲花象征纯洁，牡丹寓意富贵，梅花比喻坚韧。服饰上绣有这些花纹，增强了视觉上的美感，通过花朵的寓意表现了个人的品格和追求。花纹的精美细致，展现了古代工匠的高超技艺和对美的执着追求。古代文人常常在衣服上绣上自己喜欢的花纹，表达对自然的崇敬。

### 云纹：灵动与神秘的象征

云纹是中国古代服饰中富有灵动和神秘色彩的纹饰。云在古代被视为天与地之间的纽带，象征着灵动、变化和神秘。云纹常常出现在帝王、贵族的服饰上，特别是在祭祀和典礼的场合，云纹的使用不仅增加了服饰的庄重感，更体现了人与天之间的神秘联系。

云纹的设计多变，既有柔和的流线型，也有刚劲的折线型，展现出多样的美学风格。无论是哪种形式的云纹，都给人一种飘逸、灵动的感觉，仿佛穿着者身上带着云的轻盈和自由。

### 钱纹:富贵与吉祥的象征

钱纹,比如铜钱的图案,是古代服饰中常见的纹饰。铜钱,寓意财富和富贵,因此钱纹也被赋予了吉祥的寓意。穿着带有钱纹的服饰,寓意财源广进、富贵吉祥。

钱纹常出现在官员和富商的服饰上,尤其是在礼服和正式场合的服装上。钱纹的使用不仅增加了服饰的华美感,更通过其象征意义表达了对富裕生活的向往和对美好未来的期盼。

### 万字纹:永恒与吉祥的象征

万字纹,是中国古代另一种重要的纹饰,亦称"卍"字纹。万字纹在佛教中代表吉祥、永恒与平安,因此广泛应用于各种服饰、建筑和器物上。万字纹不仅仅是装饰,更是一种精神信仰的体现,寄托了人们对永恒和平安的追求。

万字纹常见于佛教僧侣的服饰上,尤其是在袈裟和法衣上。僧侣穿着带有万字纹的服饰,象征着他们对佛教教义的信仰和对精神境界的追求。这种纹饰不仅增加了服饰的庄重感,更通过其深刻的宗教寓意表达了对平安和吉祥的祈愿。

### 3. 工艺

服饰制作工艺复杂而精湛,展示了丰富的文化内涵和深厚的工匠精神。

服饰工艺始于选料,根据季节和场合选择绫罗绸缎、棉布麻布等面料。下一步是染色,天然染料如蓝草、红花等能够赋予布料绚丽的色彩,染色的技艺需要匠人精湛的手艺和丰富的经验,以确保色彩鲜艳且持久。

设计与剪裁是服饰制作的精髓。社会等级不同,服装制作截然不同,比如皇帝的龙袍需要复杂的龙纹设计,而平民的服饰则注重简约实用。

在缝制过程中,工匠使用多种针法,将面料缝合在一起,确保服装美观且耐用。刺绣作为装饰技艺,美化了服饰,还赋予了其深厚的文化内涵。苏绣、粤绣、湘绣、蜀绣四大流派,各有各的风格,展示了古代工匠的艺术追求。

织机的发展为纺织业带来了革命性变化。早期的手工织机逐渐被脚踏织机、花楼机所替代,提高了生产效率,丰富了织物的多样性。近代工业革命的机械化织机,使生产效率和质量显著提升,现代的计算机控制织机更是将生产推向了新的高度，织物的图案和色彩更加丰富多样，满足了不同消费者的需求。

无论是面料，还是纹饰，抑或是纺织工艺，都在无声地诉说着古人对礼仪、身份、自然与内心世界关系的深刻理解和追求。服饰，是物质的外在体现，也是精神的延伸和文化的象征。

古代服饰文化中蕴含的智慧和哲思，穿越千年，依然散发着无尽的魅力，给人以启迪。

第三节 /

**茶道：如何通过品茶达到心灵的平和**

　　自从有记忆以来，茶就像个不离不弃的老友，悄悄溜进了我的生活剧场。爸妈是茶界的忠实粉丝，每天不泡上一壶，感觉日子都少了那么点滋味。我呢，从小就是个小茶童，跟在他们身后，抿着那第一口略带苦涩又回甘无穷的茶汤，仿佛发现了成长的秘密。

　　家乡在北国。奶茶是早餐桌上的常客，在无数个清晨温暖了我。即便后来我们举家搬迁到了温婉如水的南方，每天晨光熹微时，做一杯热腾腾的奶茶，依然是家里不变的仪式。它不仅仅是一口暖身的食物，更是连接过去与现在的温馨纽带。

　　长大后，也是因为茶，这位无声的老师，引领我穿梭于东方美学的奇幻世界,在我心灵的土壤里播下了探索与发现的种子,让我踏上了一条通往新世界的美妙航线。

想当初,茶还只是《诗经》里那个默默无闻的"荼",苦涩中带着一丝不为人知的甘甜,就像青春期的少男少女,外表倔强,内心温柔。直到那位勇敢无畏的神农氏出现,他像是探险家一般尝遍百草,却不小心惹了一身毒。正当众人急得团团转时,几片神奇的绿叶挺身而出,入水而温,入喉而化,解了神农氏的毒。从此,茶便摇身一变,成了江湖上人人称颂的"解毒小能手"。

时间像一壶慢慢煮沸的水,茶也从巴蜀的深山老林里,一步步走向了全国的舞台。西汉那会儿,它还是个羞涩的新人,悄悄地在人们的杯子里冒泡;到了魏晋南北朝,它已经成了聚会上的明星,文人围坐一圈,边品茶边聊人生。

到了唐宋,茶简直就是时尚界的宠儿,走到哪里都是焦点。唐朝的煮茶大法,就像是在厨房里开了一场摇滚音乐会,茶叶碎末与葱姜盐共舞,煮沸的那一刻,整个屋子都嗨翻了天。而宋朝的点茶艺术,则如同是文人的精细手工课,他们在茶碗里点出细腻的泡沫,那画面,美得让人心醉。

与此同时,茶与茶器,这对天生CP,也随着茶风的变迁,玩起了变身游戏。唐朝的风炉、碾、罗合,就像是古代的"黑科技"产品,充满了神秘感;宋朝的茶盏、汤瓶,更像是文人书房里的精致摆设,既实用又美观。

到了明清,茶和茶器逐渐开始流行简约风。明太祖朱元璋一声令下,团茶退场,叶茶上位,泡茶成了新潮流。茶壶和茶杯这对黄金搭档,成了人们日常生活中不可或缺的"小伙伴"。

现在,当你我捧起一杯清茶,细细品味那悠悠茶香时,不妨想象一下这场跨越千年的茶文化大戏。茶用它那独特的魅力,陪伴着中国人走过了一个又一个春夏秋冬,讲述着一个个关于历史、文化与传承的精彩故事。

在这精彩的历史中,自是少不了中国文人的加持。茶,对他们而言,可不仅仅是一杯解渴的饮品,它是心灵的伴侣,也是灵感的火花!

## 1. 以茶会友

泡茶,对于文人而言,就像是一种神秘的仪式,不需要多言,一杯茶递过去,情谊尽在不言中。茶香袅袅升起,他们或低吟浅唱,或高谈阔论,那份默契与和谐,仿佛整个世界都尽在掌握。

说到以茶会友,就不得不提那位"茶仙"卢仝。他不仅是个诗词高手,更是个茶痴。某日,他收到好友孟简寄来的神秘茶叶包裹,就像收到了藏宝图一样兴奋。他立刻召集韩愈、张籍、孟郊等一众才子,到桃花泉边煮茶吟诗。

甘甜的泉水与淡雅的茶香交织在一起,激发了他们的创作灵感。卢仝更是灵感大发,创作了《走笔谢孟谏议寄新茶》,特别是那首《七碗茶歌》,让后人一读再读,回味无穷。

一碗喉吻润,二碗破孤闷。
三碗搜枯肠,唯有文字五千卷。
四碗发轻汗,平生不平事,尽向毛孔散。
五碗肌骨清,六碗通仙灵。
七碗吃不得也,唯觉两腋习习清风生。

白居易被贬为江州司马的时候,心情低落到了极点。一日,他独坐书房,愁绪满怀。突然,门外响起急促的敲门声,好友李宣寄来一份神秘包裹,打开一看是"火前春"新茶!他迫不及待地吩咐人烧水烹茶。轻啜一口,清冽甘甜,心中愁云顿散。

白居易感慨万千,挥笔写下:"不寄他人先寄我,应缘我是别茶人。"从此以后,"火前春"便成为白居易心中的一抹春色,每当他思念好友、愁绪难解之时,总会泡上一壶"火前春",让那清新的茶香陪伴他度过一个又一个难眠之夜。

泡茶,是生活的艺术,是情感的纽带,更是中华民族精神的集中体现。时至今日,以茶会友,客来敬茶,不再只是形式上的礼貌,而是发自内心的一份温暖与关怀。就像老朋友间的一个拥抱,无须多言,一切尽在不言中。无论是朋友、邻里间的温馨小聚,还是国家层面的庄重外交,一杯茶,总能在不经意间消弭隔阂,让秩序、仁爱、敬意与友谊悄然绽放。

## 2. 茶壶里的秘密:一饮一啜间,和谐满人间

陆羽,这位茶艺宗师,将《周易》的和谐哲学融入中国茶艺的每一个细节之中。他设计的煮茶风炉,形状古朴得就像是从青铜器时代穿越而来的宝鼎,每一个尺寸、每一条线条,都严格遵循着《周易》里的易学象数原理,严谨得让人咋舌。

更绝的是，他还在风炉上玩起了卦象游戏。三足鼎立间，他巧妙地开了三扇小窗，炉内更是别有洞天，分成了三个小格子。一格画着火鸟翟，火红耀眼，象征着离卦（代表火）；一格绘着游鱼，悠然自得，代表着坎卦（代表水）；还有一格则是风兽彪，威风凛凛，那是巽卦（代表风）的化身。

这水火风三兄弟，在陆羽的妙手下，不仅没打架，反而手拉手跳起了和谐的圆舞曲，寓意着"风能兴火，火能煮水"的奇妙循环。炉足上，他还刻下了那句经典名言："坎上巽下离于中"。简直就是五行平衡的最佳广告！

陆羽说，《易经》都说了，水火交融才是"既济"之道，才能干成大事。这种和谐共生的哲学，不光在茶艺里闪光，还深深植根在中国人的世界观和自然观里。

中国文人更是深谙此道的高手。他们煮茶时，讲究的是水、火、风的完美结合，选的水得是既清洁又平和的水，湍流飞瀑太激荡，不要；枯井之水太陈腐，也不行。中正平和，才能煮出一壶好茶，达到那种让人心旷神怡的最佳境界。这背后，透露出的是中华民族对和谐、平衡的不懈追求和深刻理解。

想象一下，如果把整个社会比作一个巨大的茶壶，那么我们每个人就是里面翻滚的茶叶，而理解与友谊就是那温润的茶汤，滋养着每一颗心。这茶壶里，装的不是普通的液体，而是浩瀚无垠的"宇宙"，一壶茶，就能让你从微小中窥见大道，感受那"壶中看天，小中见大"的奇妙。

中国人讲究的是"以和为贵"，但也不避讳"斗争"二字。不过，斗争不是为了争个你死我活，而是为了寻求稳定与新的平衡，就像泡茶时，热水与茶叶你来我往，最终握手言和，泡出一壶香茗。

中国的茶道精神就像是清凉的微风，轻轻拂过，给这纷乱的世界带来一丝镇静与安宁。它告诉我们，无论外界如何喧嚣，只要心中有爱、有茶，就能找到一片净土，让心灵得以栖息。

当你手捧一杯清茶时，不妨细细品味，那不仅仅是茶的滋味，更是对生活的态度，对世界的理解。

### 3. 千年欢宴，从探险到全民狂欢

早年，有幸在日本里千家学习茶道，然而其严苛的礼法却让我备感束缚。每一件器物，无论大小，都得乖乖待在它该待的地方；每一个动作，不论轻重，都得按照既定的顺序

一丝不苟地执行。这样的规矩，仿佛一位严苛的导师，试图从我们身上剔除一切个性的痕迹。

相比之下，我更倾心于中国文化中茶的自在与随性，它如同一股清流，滋润着我的心田。

千百年来，茶道在文人雅士的巧手上悄然蜕变，从烦琐的仪式升华为生活的艺术，成为精神的奢侈品。茶之于文人，不仅仅是一种饮品，还是一种独特表达，洋溢着浪漫与风情。他们品茗，不仅是在品味茶的清香，更是在品味生活的滋味，他们清醒、达观、热情、包容。这种愉悦的文化氛围，与日本茶道的清冷孤寂相比，不啻天壤之别。

说到这里，不得不提那位特别的"诗僧"皎然。遁入空门，却被儒家的温情深深吸引，喝茶对他而言，与伴月、赏花、抚琴一样，均是雅事。

约公元785年，隐居湖州杼山妙喜寺的诗僧皎然，以茶招待来访友人崔刺史，二人共酌茶香、煎茶论道，皎然灵感大发，写了一首诗送给崔刺史。"茶道"一词正式提出，并流传千古！

## 饮茶歌诮崔石使君

越人遗我剡溪茗，采得金芽爨金鼎。

素瓷雪色缥沫香，何似诸仙琼蕊浆。

一饮涤昏寐，情来朗爽满天地。

再饮清我神，忽如飞雨洒轻尘。

三饮便得道，何须苦心破烦恼。

此物清高世莫知，世人饮酒多自欺。

愁看毕卓瓮间夜，笑向陶潜篱下时。

崔侯啜之意不已，狂歌一曲惊人耳。

孰知茶道全尔真，唯有丹丘得如此。

在皎然的诗里，"禅茶一味"被演绎得淋漓尽致。他认为喝茶不仅是一种身体上的享受，还是一种精神上的修行。这种理念就像是一颗种子在中国茶文化的土壤上生根发芽、茁壮成长，最终开出了一朵朵绚烂的花。

自从有了茶，关于它的比喻就多得数不清，苏东坡把茶比作佳人、蟹眼、雪花、春云、小雨。苏东坡，这位文坛巨匠，不仅笔墨飞扬，还是个茶艺高手，种茶、煮茶、品茶，样样精通。

想当年,苏东坡被贬黄州,囊中羞涩,连饭都吃不上,却仍不忘种茶,于城东门外开垦了一块荒地,取名"东坡",种上了心爱的茶树。他还写诗记录了这事儿:"饥寒未知免,已作太饱计。"瞧瞧,这心态,真是乐观到家了!

苏东坡的生活里,茶是必不可少的一部分。他睡前、起床都要喝茶,写作时也要饮一杯提提神。他甚至说:"不用撑肠拄腹文字五千卷,但愿一瓯常及睡足日高时。"意思是,别的都不重要,只要有茶喝,睡到自然醒,那就满足了。

东坡与茶的故事有很多,他爱品茶、好参禅,茶道精神早就融进了他的生命里。他一生坎坷,却从不抱怨、不消沉。苦难没让他萎靡不振,反而让他越来越豁达。他处在人生的低谷时,却写出了那么多不朽的诗篇。正因如此,他的生命之茶才能散发出那么独特的芬芳。

再说宋徽宗赵佶,这位皇帝中的艺术家,亲自下场,与群臣、文人一起品茶斗茶,那份乐趣,简直比江山社稷还要让他沉醉。他居然还写了一本《大观茶论》,成了历史上第一个也是唯一一个写茶书的皇帝。上行下效,宋朝人都跟着疯狂地爱上了品茶。

中国茶文化,不仅仅是一种饮品文化,饮茶更成为一种生活方式,一种精神追求。在这场跨越千年的欢乐盛宴中,我们每个人都是主角,都能在这茶香四溢的世界里找到属于自己的那份快乐与满足。茶中滋味,一如人生百味。

## 第四节 /
## 花道：如花在野，是生命最好的样子

花道，不仅是技艺，更是中国文人"相由心生"之大成，是对自然之美的极致追求，是生命哲学与审美情趣的完美融合。

自古以来，文人便与花结下了不解之缘。春秋战国时期，文人便开始以花为友，借花抒情，寓情于景。他们不仅爱花、赏花，更将花融入生活，以花祭天地、祭神、祭祖，祈福感恩，期盼风调雨顺、国泰民安。这种对花的崇敬与热爱，逐渐形成了独特的花文化，为后来的插花艺术奠定了深厚的基础。

唐宋时期，插花艺术已炉火纯青，尤其是宋人，几乎到了全民爱花的境地。故常谚曰:"烧香点茶,挂画插花,四般闲事,不宜戾家。"对那时的文人来说,插花与琴棋书画并列,是修身养性的必修课。

受理学影响,宋代文人以花喻人,借花传情,松、柏、竹、兰、梅、桂,这些花卉不仅是自然之精华,更是他们心中道德的化身,寓意深远。宋人不仅爱插花,不分男女头上还要戴簪花,这完美诠释了中国儒家"天、地、人"三位一体思想。欧阳修在《洛阳牡丹记》中说道:"春时,城中无贵贱皆插花,虽负担者亦然。"宋人如此惜花爱花,对山水万物天然有好感,他们将自身融入自然,与天地共呼吸。

然而,元代的风云变幻,让汉文化遭受了前所未有的冲击,花事活动也随之沉寂。但正是在这样的背景下,"心象花"与"自由花"悄然绽放。它们不拘一格,借花明志,用花材的寓意与谐音,诉说着文人的心声。

到了明代,插花艺术迎来了它的复兴。张谦德的《瓶花谱》与袁宏道的《瓶史》,如同双璧,照亮了插花艺术的道路。在《瓶史》中,袁宏道轻叹:"茗赏者上也,谭赏者次也,酒赏者下也。"在他看来,赏花时品茗,才是文人雅士的极致享受,那种清雅与淡泊,让人心生向往。

清代，插花艺术在继承与创新中前行。沈复的"起把宜紧""瓶口宜清"，以及他自创的"剑山"，都是对插花技艺的深刻理解与独特贡献。而"写景花"与"谐音花"，更是将插花艺术推向了一个新的高度，传递着文人对美好生活的向往与祝福。

插花不只是一种艺术，更是一种与自然对话的方式。我自幼便与花结下了不解之缘。那些随父母漫步山野的日子，每一朵花、每一片叶都像是大自然赋予我的秘密信物。我轻轻触碰它们，它们便以无声的语言回应我的喜悦与好奇。那时的我，手中常常握着一束刚采摘的野花，心中无比喜悦。

长大后，我有了自己的花室，名为"不飞花"，寓意着即便花已离枝，其美亦能永恒。在这里，我与花对话，感受它们的生命韵律，体会那份"如花在野"的自然之美。于我而言，品茗赏花不仅是一种雅趣，更是我的生活习惯。

花道的核心理念是"如花在野"，即在插花时，尽量让花材保持自然的形态。这不仅是对自然的尊重，更是对生命的敬仰。文人雅士在瓶瓶罐罐间，编织着"虽为人作，却似天成"的梦幻，一枝一叶，皆是大自然与人类智慧的美妙邂逅。

在东方插花艺术中，留白是一种极富韵味的美学原则。

留白不仅仅是作品中保留的空白,更是无声的表达,具有强大的力量。插花艺术家通过巧妙地利用空间来引导观者的目光,传递深意与情感。这种空白让人感受到自然的呼吸与节奏,也赋予花材之外的空白区域以无形的美感和无限的想象空间,如同诗歌中的停顿,使意境更加深远。

留白,蕴含着深厚的哲学精神,映射出东方文化对简约、宁静与内省的追求。这种留白,不是简单的空白,而是一种充满生命力与潜能的存在,象征着人与自然的和谐共处,表现了一种超越物质的精神境界。在这种哲学的指引下,插花艺术不仅是花材的排列组合,更是一种对生命、时间与宇宙的深刻思考与感悟,犹如一幅静谧的画卷,静中有动,虚实相生。

### 1. 与花对话,体会生命的韵律

通过插花,插花者与花材之间建立了一种深刻的对话。每一枝花都承载着插花者的情感和思想。在插花的过程中,插花者需要静下心来,仔细观察每一朵花、每一片叶,感受它们的生命力和美感。这种专注和宁静,不仅能提升审美能力,更能让插花者的心灵得到净化和升华。插花者要学会与花材"对话",通过观察和感知,发现花材最美的一面。

在此过程中,插花者需要全神贯注,心无旁骛,才能真正捕捉到花材的自然美,无论是"面面俱到"还是"龙蟠虬结",都有其独特的美。这种美,是多样和丰富的。正如东方的花艺所强调的,任何花材都可以展现出生命的绽放。

"君子之学也,以美其身。"插花时,植物并不完全按照插花者的意图构图,而是会传达出许多微妙的信息。这是植物本身具有的生命张力在引导插花者完成作品。通过这种与植物、与自然的联结,插花者遵循植物本身的自然韵致和属性,感受它们的意图。植物在重塑作品,也在重塑插花者的心境。

## 2. 与自然对话,体察生命的智慧

四季更迭,是大自然悠扬的乐章,草木与天时、大地共舞,风雨晦明间,演绎着无尽的变幻。每一季的更替,伴随着花开花落,不同的花材以它们独有的语言,诉说着生命的诗篇。四时有序,是中国传统插花遵从的自然规律。文人墨客于花前月下,不仅捕捉到了自然的韵律与节奏,更在其中汲取了生命的智慧与力量,将这份感悟巧妙地融入插花艺术之中，使得每一幅作品都跃动着生命的脉搏，回响着情感的共鸣。

春天，万物复苏，花卉在春风中苏醒。迎春花是春天的使者，黄色的小花象征着新的开始和希望。芍药以其丰盈的花瓣和鲜艳的色彩，展示了春日的生机与活力。鸢尾花则以其独特的形态和多样的颜色，让春天更加多姿多彩。在插花过程中，迎春花的柔美、芍药的明艳和鸢尾的独特，使人感受到春天的勃勃生机和生命的无限可能。

夏季，天气炎热，花卉生长进入繁盛期。石榴花鲜红的花瓣和丰富的果实，象征着多子多福和繁荣昌盛。荷花是夏日的代表，其高洁、淡雅的形象令人心旷神怡。石榴花和荷花在插花作品中，常常传递出清凉与宁静的氛围。

秋天，是丰收的季节，菊花在这个时节竞相开放。菊花象征着坚韧与长寿，其多样的颜色和形态可以赋予插花作品丰富的层次感。枫叶以其艳丽的红色和独特的形态，为秋天增添了浓烈的季节色彩。秋日的花材具有饱满和厚重的特质，插花者在创作中可以感受到秋天的丰盈与内敛，体会成熟与丰收之美。

冬季，万物萧瑟，然而梅花却在寒风中绽放，展现出独特的坚韧与高洁。梅花以其清冷的香气和优雅的姿态，成为冬日里一道亮丽的风景。水仙清新的花香和纯白的花瓣，象征着纯洁与希望。在插花作品中，梅花的简约与高雅，水仙的清新与纯净，传递出冬季的宁静与坚韧。

无论是百花齐放的盛景，还是飞花散漫的静谧，四季更迭总能在不经意间唤醒我们内心深处的灵魂，给予我们无尽的抚慰与启示。在这平凡而又珍贵的人间烟火中，通过与花材的对话，我们学会了从自然中汲取力量，让心灵与自然的律动同步，也能体验到生命的丰富与和谐。

### 3. 与内心对话，体悟生命的宁静

花道的深层韵味，不仅在于艺术的表现，更在于它与内心世界的默契对话。这是一种通过外在的花卉形态，映照内心感受的方法。

插花者在选择每一枝花材、剪断每一根枝条时，都在无声地与自己的内心世界进行交流，探索生命的深层意义。正如一幅画或一首诗能触动心弦，花道以其独特的方式，触及那些最细微、最隐秘的情感角落。

我们会重新审视自己摆放的花材好不好看，是否有意境。

慢慢地，我们对事物的感知也会变得更加敏感。通过与花材的亲密接触，我们学会了如何减缓步伐，如何更加细致和耐心地观察世界。这种从花材中学到的宁静与耐心，可以转化为处理日常生活中复杂问题的能力。花道不只是教我们如何插花，还教我们如何在生活的各种压力下保持内心的宁静与理智。内心的宁静只与自身的状态有关，而与外在的环境无关。

花材在四季的更迭中绽放与凋谢，我们的认知能力与理解能力也在不断提升。每一次插花都是对心灵的一次磨砺，使我们学会在生命的每个季节中寻找和珍惜那些简单而深刻的美好。最终，我们不仅学会了如何安置一瓶花，更学会了如何优雅地安置自己的心灵。花语亦人事，你我于其中，求一个自然而然。

## 第五节 /
## 香道:一炉香,点燃一天好心情

中国的香文化,是生活艺术化的极致展现,更是文明的印记。追溯香之源头,《说文解字》中对"香"字的解释是:芳也。从黍从甘。

古人从万物中提炼出这份甘甜与芬芳,让生活不再只是生存,还多了对美好的追求。《荀子》有云:"椒兰芬芳,所以养鼻也……"古人以香修身,志趣愈修愈洁。屈原在《离骚》中写道:"扈江离与辟芷兮,纫秋兰以为佩。"这是对内在美与外在修能的双重追求。及至隋唐,香料奢侈,宫廷皇室、官僚士大夫人家和部分富裕的平民才能用得起,隋炀帝除夕焚香数十车,香飘十里,奢华至极。

南唐后主李煜,是一位嗜香成瘾的达人,堪称我国香文化中一位隐秘而伟大的推手。这位被命运捉弄的皇帝,治国之余,一大嗜好便是沉浸于香的世界。调香、熏香,不仅是他生活的日常,更是他心灵的慰藉。读他的"香词",《浣溪沙》中写道:"红日已高三丈透,金炉次第添香兽。"一幅充满仪式感的清晨焚香画面跃然纸上,生活之美,本该如此。

《采桑子》中写道:"绿窗冷静芳音断,香印成灰。可奈情怀,欲睡朦胧入梦来。"花落香消,细雨霏霏,绿窗冷静,香印成灰,字里行间满是无奈与愁苦,仿佛那花香、人香都染上了几分哀愁。李煜的香词之多,几乎每一首都香气缭绕,这受他父亲李璟的影响。李璟亦嗜香如命,曾在宫中设香宴,汇集天下名香,合香、煎饮、佩带、粉囊,应有尽有。在这样的环境下,李煜自幼便与香结缘,长大后更是成为调香、合香的高手。他所创的"帐中香",被后世誉为"江南李主帐中香",成为历史名香,被《香谱》等典籍所记载,流传千古。

宋代之前,香料供皇室贵族专享,香事活动总是与宗庙祭祀、求仙访神的神秘仪式紧密相连。宋代以来,随着商品经济的蓬勃发展和海外贸易的繁荣,檀香、乳香、苏合香等异域名贵香料，纷纷涌入这片古老的土地。平民阶层对品香、用香的热情也随之高涨。香，不再是遥不可及的奢侈品，成了生活的一部分。

《东京梦华录》记载："诸坊巷、马行、诸香药铺席、茶坊酒肆，灯烛各出新奇。就中莲华王家香铺，灯火出群，而又命僧道场打花钹、弄椎鼓，游人无不驻足。"宋徽宗、宋高宗在宫内设立御用"香坊"，研制珍品；都城汴梁的榷易院更是香药贩售的热闹之地。

《清明上河图》里，"刘家上色沉檀拣香"的香铺招牌赫然在目。宋代香事之盛、范围之广，前所未有。其中，文人用香更是成了一道独特的风景线。"点茶、插花、焚香、挂画"，这"四般闲事"成了文人雅士的风尚。他们将香视为生活的伴侣，无论是读书抚琴，还是宴客雅集，无香不欢。他们不仅品香、焚香，更将这份雅致融入生活的每一个细节之中，使之成为一种生活习惯，一种精神追求。

周密在《齐东野语》中记述了南宋诗人张功甫在家中举办"牡丹会"的情景：宾客坐定之后，四周寂静，不闻丝竹管弦之声。主人问侍从："香已发未？"答："已发。"随着帘幕轻启，一股异香自内室悠然飘散，瞬间弥漫整个空间，让满座宾客沉醉不已。

在宋代文人眼中,闻香,远比丝竹之音更能触动心灵,是待客之道中的无上雅致。"以香会友"是宋代绘画作品中较为常见的场景。宋代流传下来的诸多画作中,《文会图》《听琴图》《西园雅集图卷》等,每一幅都是文人雅集的生动再现。画中的他们,或挥毫泼墨,或低吟浅唱,或讲经论道,而身旁总有几尊古朴雅致的香炉,袅袅炉烟与周遭环境交织成一幅幅动人心魄的画面。

恰如米芾在《西园雅集图卷》上的题记:"水石潺湲,风竹相吞,炉烟方袅,草木自馨。人间清旷之乐,不过于此。"每一缕幽香,都像是穿越时空的低语,讲述着那些关于风雅、情趣、友情的故事。在宋代文人的世界里,香,不仅仅是一种嗅觉的享受,更是一种心灵的寄托,一种生活的态度,一种文化的传承。

大文豪苏轼,对香文化有着一份难以割舍的情愫。他曾为胞弟苏辙的生辰,精心筹备了一份别具一格的礼物——檀香观音像,伴以一盘新制的印香。这份礼物,满载着苏轼对弟弟的深情厚谊,也体现了他对香文化的痴迷与追求。

苏轼笔下,香,已非单纯的气息流散,还有情感的细腻传递,更是学问的深刻体现。如他在《和黄鲁直烧香》中所吟:"不是闻思所及,且令鼻观先参。"这"鼻观"二字,妙不可言,它意味着以嗅觉替代视觉,通过鼻端轻嗅,感受香的氤氲缭绕。

苏轼在《南堂五首·其五》中,将用香之趣描绘得淋漓尽致。"扫地焚香闭阁眠,簟纹如水帐如烟。客来梦觉知何处,挂起西窗浪接天。"大意是:清扫尘埃,焚香入眠,阁门紧闭,竹席纹理如水,帐幔轻如烟。客人来访,梦中惊醒,恍若隔世,不知身在何方,推开西窗,只见浪涛接天。

苏轼用香,用的是一种生活态度,是对自然的亲近与融合。他在香气缭绕中找寻心灵归宿,品味的不仅是香,还有豁达无垠的人生境界。

而苏轼的好友黄庭坚,更是一位不折不扣的"香痴"。他说:"天资喜文事,如我有香癖。"意思是我生来对文字情有独钟,而我这份爱香之心,更是不遑多让。他专门写过关于香料的文章,为后世提供了习香的资料。黄庭坚用香,别有一番禅意在其中。他深知,品香不仅是嗅觉的盛宴,更是心灵的慰藉。

在给苏轼的诗中,他缓缓道来:"百炼香螺沉水,宝薰近出江南。一毯黄云绕几,深禅想对同参。"他说当他点燃甲香与沉香,望着炉中升起的黄云,内心的平静随之而来,那份由香带来的美感,让他萌生了与苏轼一同"深禅同参"的念头。

文人焚香,主要是为了增加生活雅趣与洗礼心灵。以香为媒,与天地对话,寻觅内心的平和与宁静,使之成为精神的慰藉。他们亲自参与香品、香具制作,从精选香料到细磨香粉,再到匠心独运地捏制香饼,每一步骤皆倾注心血与智慧,仿佛在进行一场无声的艺术创作。不仅如此,他们还孜孜不倦地改良焚香之法,力求简便而不失雅致,让古老仪式焕发新生。

宋代焚香,尤重"香清烟少"之境,于是他们创造出隔火熏香之法,以细腻手法控烟,让香味和缓悠长,室内环境既安全又舒适,尽显生活智慧。之后又发明了"打香篆",更添文雅之趣。香末入模,轻击而成,其形回环曲折,犹如文人笔下之诗词歌赋,韵味悠长。微火明灭间,似文人思绪缥缈,焚香不仅暖身,更暖心,香篆之上,承载的是文人的情怀与哲思,文雅至极,令人沉醉。

这股由文人引领的香风,不仅吹遍了宫廷的高墙深院,也渗透进寻常百姓家，让整个社会都沉醉在香的海洋中。香品与香具的精心制作与热销，不仅催生了一个繁荣昌盛的产业，更为社会经济注入了一股清新的活力。宋代之时，更有一个别致的职业——"香使"，或称"香婆子"，她们穿梭于大户人家之间，扮演着香事艺术传递者的角色。

每日，这些手巧的香使，手持香篆模具，细心调试香粉，将一炉炉香篆精心打制而出，那精准的技艺，使得一炉香恰好能伴人度过一日的十二时辰，让时光在袅袅香气中缓缓流淌，增添了几分生活的诗意与情趣。这一幕幕场景，无不彰显着宋代香文化的繁盛与普及，以及文人与普罗大众对美好生活的共同向往与追求。

古人制香，香气随风散，智慧却长存。文人墨客不忍芬芳成空，便挥毫泼墨，著书立说，将香的艺术凝固于纸间，于是有了《香谱》《香乘》《长物志·香茗》等经典，让后世得以窥见那份创造性的香韵奥秘。《香乘》里，以沉香为主角的"意合香""意可香"，每一味都藏着深意。

《长物志·香茗》则告诉我们，焚香赏花，最妙的是将木鼎香炉置于山石之上，那山林野趣，瞬间跃然眼前，心灵也随之回归安宁。而在香室之内，沉香山子，形如起伏山峦，让人心生向往，仿佛步入了一个超脱尘世的仙境。

现如今，谈及香，人们觉得似乎唾手可得，又似乎遥不可及。作为日常物品，香无处不在，驱蚊、除味、祭祀，甚至饮食、香烟、纸张，都有它的身影。但提及香文化，很多人脑海中浮现的是雅致场景、精致器具、行云流水的动作，还有那高深莫测的香品，这哪里是生活，更像是场做作的表演。

然而，香道之路看似孤独，实则人人同行。一支香，短燃即灭，如人生缩影，无常之美尽显。对于香气，有人喜，有人厌。这不就是生活吗？酸甜苦辣尽在其中。香，是人生的镜子，映照出我们的烦恼与成就，又在燃烧中一一化解。静坐、安住、细品，恍然间便发现，幸福原来这么简单。

## 第六节 /

## 中医：养生，与自然和谐相处

养生之"生"，非指身之哪一部分，而是流淌其间的一股"气"，驱动着生发与成长，赋予万物生机。中医称之为"元气"或"炁"。

用现代话说，这股"气"就是能量，古人认为"气"是形成宇宙万物的基本物质实体，星辰运转，四季更迭，于人的生命而言，则伴随着生老病死，支持一切生命活动。人的行为与状态，皆需能量支持。睡眠香甜、食欲旺盛、思维敏捷、专注力强，乃至心情愉悦、热情洋溢，皆需能量助力。面对小事，有人无感，有人却能乐在其中。这往往是因为后者元气满满，生命力旺盛。

如今，人的衰老不再仅显于面容。科技手段多样，甚至可延迟面容的衰老。然而，心的衰老却难以掩饰，它表现为麻木、倦怠，没有特别感兴趣的东西，对一切都感到无所谓，用流行语来说就是"丧"。这种状态，在不少年轻人身上已有所体现。

在中国文人的璀璨星河中，我最爱苏东坡，爱他的才华横溢，更爱他面对挫折时的那份热情与不屈的勇气。暮年之际，他轻吟："问汝平生功业，黄州惠州儋州。"此言非虚，他一生中最珍视的，并非朝堂上的荣耀光环，而是贬谪岁月中的那些流离与坚韧。

在无常的世事面前，他的创造力和对生活的热爱未曾有过丝毫减退，一颗赤子之心，始终炽热如初。无论境遇如何变迁，他都保持着一颗天真烂漫、自在逍遥之心。"上可以陪玉皇大帝，下可以陪卑田院乞儿。"眼中所见，天下无一不是善良之人。这，便是我们对生活最真挚、最宝贵的"热爱"之诠释。

谁的人生不曾历经风雨？

即便是如苏东坡这般才情横溢、年少成名之人，其人生之路亦是坎坷不平。但他并非尖刻、极端、亢奋的理想主义者。他的智慧与魅力，在于无论身处何地，都能伏下身来，从生活中找寻到乐趣与欢笑。

我们这一代人，很多人习惯在面对困境时，先展现出一种颓废与沮丧，仿佛这是一种时尚或高级的表达方式。其实，若是深入去了解苏东坡的话，定会有所鼓舞和启示。如果能够像苏东坡那样，无论何时何地都能兴致勃勃、元气满满地面对生活的话，才是真正的本事与智慧。

那么如何才能拥有像苏东坡这般的"心力"呢？苏东坡论及修养之道时说："任性逍遥，随缘放旷。但尽凡心，别无胜解。"此言"尽凡心"，意在祛除心中烦恼。烦恼一旦祛除，无须外求，内心自然圆满快乐。

我们无须妄想一个绝对理想、无烦恼的生活状态，因为尘世中的种种经历，都是我们修炼与成长的宝贵契机。须知，烦恼即是菩提，没有烦恼的磨砺，便没有提升与长进的可能。未经风雨，何以见彩虹？没有烦恼的洗礼，我们又怎能品味到觉悟的甘甜，体会到生命的圆满呢？

现在我们都喜欢追求结果，喜欢速成，所以很容易忽视"养"的过程。特别是当一切运转正常时，更不觉得保养自己有多重要，甚至觉得养生是老年人的事。其实，精气神并不是从天上掉下来的,也不是无限量供应的。在这个充满侵扰和思虑的世界里,如果不知道养护,精气神就很容易枯竭。

说到养生,南宋的陆游可是个行家,其祖上是医学世家,传世的《集验方》(又名《陆氏集验方》)就是他家的宝贝。据说,陆游还写了《陆氏续集验方》两卷,可惜已经失传。关于养生,他首先就强调元气的重要性,就像我们现在的"电量"一样,得时刻充着。他说:"但知元气为根本。""养生孰为本?元气不可亏。"

除了培养元气,陆游还特别强调心胸要开阔。小时候的语文课里我们都学过,陆游自号"放翁",就是要豪放、豪迈地生活。他在诗里提到:"放翁胸次谁能测?万里秋空未是宽。"他还在诗中开出一方:"愚为度世术,闲是养生方。"心闲是养生之道,天地都宽了,病也就少了。

在各种场合,从教课、演讲到书中,我常分享创立"久畹兰"的原因:一是期待与志同道合的朋友共享中国传统文化的乐趣,如琴棋书画诗酒花,一起进步,享受简单真诚的生活。二是我发现,无论生活多么纷扰,传统文化总是能够让人安定下来。这就像是给心灵充电,让它休憩和凝聚。现在的世界,信息海量,生活中的琐事繁多,人们身忙,心也忙，我们容易忽略对心的养护。

古人说，养生即是养德，要照顾好自己的品德品行，也就是心神状态和精神品质。这也容易理解，因为我们都有过体验：当思前想后、注意力散乱时，即便什么事都不做，也容易疲乏；而若能专注投入某件事，比如品茶、插花、焚香，就能自然进入安定和踏实的状态。这就是心的力量，它虽不可见，却能带给我们滋养和踏实的感觉。

养生，不仅是与自然和谐相处的理念，更是一种对生命的深刻尊重与细腻关爱。中国古人对于身体养护有着深刻的智慧，而今我们却常把养生简化为小贴士或小妙招，期待着立竿见影的效果。日常生活中，很多人希望通过养生来改善气血、降低血压、减肥等，但往往急于求成，忽略了身体的养护需要循序渐进。

别忘了，无论是琴棋书画诗酒花还是中医，中国文化都植根于深厚的哲学体系中。具体方法虽多，但需在这个体系下才能真正得到理解和运用。

说到体系，我想向大家分享一段《黄帝内经》：

昔在黄帝，生而神灵，弱而能言，幼而徇齐，长而敦敏，成而登天。乃问于天师曰："余闻上古之人，春秋皆度百岁而动作不衰;今时之人,年半百而动作皆衰,时世异耶?人将失之耶?"岐伯对曰:"上古之人,其知道者,法于阴阳,和于术数,食饮有节,起居有常,不妄作劳,故能形与神俱,而尽终其天年,度百岁乃去。今时之人不然也,以酒为浆,以妄为常,醉以入房,以欲竭其精,以耗散其真,不知持满,不时御神,务快其心,逆于生乐,起居无节,故半百而衰也。"

《黄帝内经》开篇就揭秘了古人半百不衰、尽享天年的秘诀,岐伯给黄帝的答复超实在,总结起来就是二十个字:法于阴阳,和于术数,食饮有节,起居有常,不妄作劳。

具体来说,"法于阴阳,和于术数",此乃《黄帝内经》所阐述的养生之总纲,其精髓渗透于我们日常生活的方方面面,核心要义在于倡导顺应自然规律的生活方式。世间万物,皆阴阳平衡,如昼夜交替,四季更迭。古人有云,天地乃广阔宇宙,人身则是微小宇宙,二者息息相通。

因此,养生之法,需随四时气候之温热寒凉,做出恰当调整。人既与天地相通,自然也与自然界同频共振。春日生发,夏日生长,秋日收获,冬日贮藏,遵循自然之生长收藏之律。用之则养之,显之则藏之,这样,消耗自然就少,生活也会更加从容与优雅。

"和于术数",关键在于一个"和"字。术数,在此可理解为方法与技巧。不同的人、不同的体质状况,应当选择与之相和的养生术数。然而,现实中不乏有人忽视或不了解自身身体状况,盲目跟风,进行不适合自己的运动,或一味追求运动量,以致"不生",反而对身体造成伤害。

例如,之前有媒体报道,一位二十岁的"刘畊宏女孩"在跳操后突发剧烈腹痛,黄体破裂,这正是因她在运动时未能量力而行,盲目跟风,缺乏循序渐进的过程,最终让身体遭受了严重伤害,实乃适得其反。因此,欲求身体健康、长寿之道,首重"和"字。

我们不仅要与大自然和谐共处,与社会和谐相融,与他人和谐相处,更要与自身和谐统一。如此,方能气血柔和、身心平静,时刻享受吉祥与安康。"和"实在是中国古人的大智慧,值得我们细细品味。

"食饮有节",饮食,我认为是养生大计中的主角。何谓"节"?简单说,就是得知道什么时候吃什么,什么时候得吃得清淡点,不可肆意放纵,乱了章法。现如今,谈及养生,大家都急着问:"我该吃点啥来滋补滋补?"不知何时起,养生竟与进补画上了等号！环顾周遭，诸多病症往往并非源自缺乏，实则因"堵"而生。大家都急着补这补那，以为手握"仙丹妙药"，过往之折腾皆可一笔勾销。

殊不知，中医养生的真谛，首先就是要打破进补就是养生的迷思。三餐规律，饮食清淡，方为最佳之补益。饮食皆需应节、应季，讲究节制与节奏，不可胡吃海塞，失了分寸。尤其夏日炎炎，切勿因酷暑难耐而频饮冰镇碳酸饮料，贪食冰镇奶茶、冰西瓜、冰激凌等物，你以为这样能解暑，其实是在消耗体内的阳气，还会引起脾胃虚寒、身体肥胖、湿气加重、腰腿疼痛等症。

"起居有常"，这句话是说作息得跟着自然的节奏走，得顺应人体的需求。冬日不宜早起，待阳光满室，暖意融融再醒；疲惫之时，勿强撑硬抗，先去梦乡中养神蓄锐。可是现在的很多人，凌晨三四点还不睡，玩手机、玩游戏玩得乐此不疲。殊不知保持体内精气盈满之重要性。一味地追求感官之快乐，损耗精气后不能及时恢复，作息、饮食又毫无规律，故而半百之年便显衰老之态。此乃养生之大忌也。

最后再说说"不妄作劳"，翻译成大白话就是"不瞎忙活"。中医有云："久视伤血，久卧伤气。万物有度，过则伤身。"所以，我们得记住两件事：一是要节省能量，别硬撑着；二是得调节，比如坐久了，就起来动一动，找点乐子解解乏。忙的时候，也别忘了留点时间静下来养养神。

生命是形体和精神的完美结合，所以养生与养气不可偏废，如古人所言"形与神俱"。而这"不妄作劳"，其实也包括两方面：一是不妄形劳，二是不妄心劳。

不妄形劳，就是说别过度消耗自己的身体。像《黄帝内经》里说的，久视、久卧、久坐、久立、久行，这些都会耗气伤血，伤筋动骨。咱们的身体里有五脏，外面有五体，它们是对应的。要是过度使用这五体，那就会对两方面造成伤害：一来伤五脏的功能，二来让筋骨变弱，气血不畅，最后身体机能就衰退了。

比如，跑马拉松，特别是超级马拉松，就属于形劳的范畴。跑得太远太累，超过身体的极限，对脏腑的精气消耗太大了。所以，运动也得有个度。怎么才算有度呢？就是运动完了，你觉得精气神都满满的，精神更旺，体力更足，精力更充沛，睡觉也更香，吃饭也更有味儿。要不是这样，那就是形劳过度了。当然，生命在于运动，老是坐着不动也不行。运动能让阳气通畅，让五脏六腑更平衡，气血更顺畅，生命活力就更旺了。所以，脑力劳动者不妨动动身体。

不妄心劳，就是说别让心神受到负面刺激，不然脏腑功能会失调，气血会紊乱，阴阳会失衡，接着各种内伤疾病就来了。喜、怒、哀、惧、爱、恶、欲，这七情都属于心劳的范畴。若心劳过度，则生命必受影响。《黄帝内经》里说："心者，君主之官也，神明出焉……""心者，五脏六腑之大主也，精神之所舍也……"心主管着精神、意识和思维活动。这些活动，不仅是生理功能的重要组成部分，还能在一定条件下影响身体的各个方面。心神和畅，五脏六腑就都平衡了，人就健康了。所以，养生必然养心，调节情绪，保持良好的心态，别让情绪左右你。

现代社会人的压力大，许多人因为情绪问题导致身体出现各种状况。中医认为，情绪与五脏六腑密切相关，不良情绪会影响内脏功能，进而影响身体健康。如长期的压力和焦虑会导致肝气郁结，引发肝胆疾病。许多现代疾病，比如甲状腺问题、过敏等，往往都与情绪波动有关。而调节情绪，保持心情平和，能有效预防疾病的发生，这也是养生的一个重要策略。静坐、冥想、深呼吸、泡茶、插花、写字和画画等方法，可以帮助我们放松身心、减轻压力，从而实现治未病的目的。

在中国人的生命哲学里，心神与肉体，如影随形，默契无间，共舞于生命的舞台。坐时便全然沉浸于坐的姿态，食时则细细品味每一口食物的味道，这种专注与安静的状态，正是与大道相融，和谐共生的至高境界。如此，方能以最小的消耗，尽情享受生命赋予的每一份乐趣与福祉。

总而言之，若想元气满满、幸福快乐地生活，我们需谨记两大法宝：一是温柔以待自身，减少无谓的损耗，细水长流，为自己节省宝贵的生命能量；二是勤于日常养护，为身体这片沃土蓄积勃勃生机与活力。

这样，我们定能绽放出光彩照人的美丽人生，活出由内而外的从容与优雅。

# 04

第四章

/

## 社会之美：
### 混沌里放出光明

+++

## 第一节 /
## 在人际关系中得自在

文人的人际交往,在中国古代有着长远的感染力。那些弥足珍贵的情感,充斥在欢欣、悲苦、困顿、思念、欣赏等各个场景之中,成为彼此的支撑和牵挂。

他们的交往还体现出了一种超越时空的精神联系。他们的作品常常流传后世,成为千古传诵的经典。后人通过阅读这些诗文,感受到古代文人的喜怒哀乐和他们的精神世界,从中汲取智慧和力量。

这种精神的传递,使得文人的交往并不局限于他们生活的那个时代,还跨越了历史长河,影响了一代又一代人。无论是苏轼与黄庭坚的唱和,还是杜甫对李白的深情怀念,那些动人的故事都展示了文人间深厚的情感纽带和对美好情谊的追求。

### 1. 重视精神与思想的高度契合

古代文人的友谊中,苏轼与黄庭坚的交往无疑是一个典范。

他们的友谊始于文学上的相知相惜。他们通过书信和诗词,彼此激励,切磋琢磨,共同进步。苏轼曾因为读黄庭坚的诗而泪流满面,可见二人友情之深厚。

在生活态度上,苏轼与黄庭坚都崇尚自然,追求内心的宁静与平和。苏轼的名作《前赤壁赋》中,描绘了他与友人在赤壁夜游的场景。二人在生活中互相支持,分享彼此的感悟和体会,通过交流和探讨,他们的思想和情感得到了进一步升华。

黄庭坚对苏轼的尊敬和仰慕不遑多让,他曾表露自己渴望有苏轼那样自由自在、远离世俗纷扰的生活态度。二人通过诗词和书信,建立了深厚的情谊,这种情谊不仅是文学上的共鸣,更是精神上的契合。

李白与杜甫的友谊也甚是绝妙。李白被称为"诗仙",以飘逸洒脱的风格著称,杜甫则被称为"诗圣",其作品关注民生疾苦,具有深刻的社会意义。杜甫初识李白时,对其才华惊叹不已,视其为偶像和老师。

杜甫在《春日忆李白》中描述:"白也诗无敌,飘然思不群。"高度评价了李白的诗才。李白对杜甫的才华也十分欣赏,虽风格不同,但他们可以在创作中互相借鉴,共同探讨诗歌艺术。

李白被流放夜郎时,杜甫写诗安慰他,表达了不舍和支持。这样的师生之谊,超越了简单的文学交往,他们成为彼此人生中的重要支撑。

王羲之与谢安的交往也是中国书法史上的佳话。王羲之被誉为"书圣",其《兰亭集序》具有极高的艺术价值,谢安则是东晋时期的政治家和文学家。谢安年轻时拜王羲之为师,学习书法,王羲之对其才华和品格极为欣赏,悉心教导。

王羲之在《兰亭集序》中表达的对自然和生活的热爱,深深影响了谢安。即使谢安担任高官后,他们的友谊依然未变,常聚在一起谈古论今,畅叙幽情。谢安的成就和从容态度离不开王羲之的教诲和影响。

在中国古代文人的友谊中,苏轼与黄庭坚、李白与杜甫、王羲之与谢安的交往,无不彰显出超越时空的精神契合与思想共鸣。他们不仅通过书信和诗词互相激励,共同进步,更在生活态度和价值观上彼此认同。这种友谊不仅丰富了他们的创作,亦为后人留下了宝贵的精神财富。

### 2. 表达自我,也能做到和而不同

在建立人际关系时,一个重要的策略是在表达自我的同时,能够做到和而不同。表达自我意味着清晰地传达自己的观点和感受,而和而不同则是在尊重他人立场和观点的基础上,找到共同点,共同成长。

苏轼和王安石虽然在政治立场上有很大的分歧,但他们依然能够相互尊重并欣赏对方的才华和品德。苏轼因"乌台诗案"被逮捕入狱,王安石并没有落井下石,反而毅然向皇帝求情,苏轼因此免遭死刑。这种超越个人利益和政治立场的友谊,体现了他们宽广的胸怀和纯粹的智慧,也使得他们的友谊更加深厚和持久。

在现代社会中,人与人之间的分歧和冲突常常因为利益和立场的不同而加剧。我们需要学习古代文人的智慧,超越个人的局限,以宽广的胸怀去理解和包容他人。这不仅有助

于化解冲突和误解,还能建立更加和谐和深厚的人际关系。

包容和理解并不意味着放弃原则,而是在坚持自己信念的同时,尊重他人的不同意见。通过这种方式,我们可以在多样性中找到共同点,在分歧中发现共鸣,建立真正的友谊。豁达的态度正是我们在建立人际关系时所需要的。

### 3. 持续的文化传承与思想碰撞

古代文人之间的友谊不仅限于个人情感的交流,更重要的是通过文化和思想的传承、碰撞来深化彼此的关系。

苏轼与其父苏洵、其弟苏辙的关系堪称家庭文化传承的典范。苏洵不仅在学术上给予苏轼指导,更在为人处世上为苏轼提供了宝贵的经验。苏轼与弟弟苏辙在文学创作上相互切磋,共同进步,成就了"苏门三学士"的佳话。

欧阳修与司马光之间的友谊和思想交流对后世产生了深远影响。欧阳修是司马光的前辈,两人通过书信往来和面对面的讨论,在文学和历史研究方面进行了深入探讨,推动了北宋文化的繁荣。

曾国藩则在家庭内部注重教育,强调家风和家教。他通过家书的形式,对子弟进行思想和品德教育,形成了曾氏家族独特的文化传统。这些家书不仅是家庭教育的典范，还成为后人学习和借鉴的宝贵财富。

在人际关系中得自在，古代文人以他们独特的智慧与胸怀，谱写下动人的友谊诗篇。他们的创作，蕴含着超越时空的精神与思想，成为后人眼中永恒的瑰宝。

第二节 /

## 教育：中国文化的未来在哪里

中华文化如一条浩荡长河，穿越千年，流淌在每一位中华儿女的血脉中。

古人云："道不远人，斯文在兹。"在漫长的历史进程中，中国古代文人的教育体系以家庭教育、师徒教育、经典教育为核心，形成了一套完整的文化传承机制，在个人的成长过程中发挥了重要作用，在文化传承和创新中也起到了关键作用。

### 1. 家庭教育：文化传承的起点

家庭教育是文化传承的起点。家庭是社会的基本单位，家庭教育的内容不仅包括知识的传授，还包括道德规范、生活技能和文化习俗的熏陶。家教为本，一个人的品德和学识首先源于家庭的熏陶。

家庭教育在古代文人的成长过程中扮演了重要角色。父母是孩子的第一任老师，他们不仅要教授子女基本的生活技能和道德规范，还要传授文化知识和文学修养。古语云："父母之爱子，则为之计深远。"

孟母三迁，最终选择了一个适合学习的"学区房"，为孟子提供了良好的家庭教育环境。这种为教育孜孜以求的精神，深深植根于中国人的文化基因中。

古代的文人从小在书香氛围中长大，家庭的每一个角落都弥漫着墨香，父母的言行举止，家庭的礼仪习俗，都是最初的文化启蒙。

### 2. 师徒教育：个性化培养的关键

在家庭教育之后，师徒教育是古代文人进一步成长的桥梁。师徒教育，是一种既亲密又严肃的关系。师者，不仅是知识的传授者，还是生活的引导者、品德的榜样。在古代，师徒之间的关系如父子一般，师徒同住共学，徒弟从师父的言行中汲取智慧。

孔子门下三千弟子，七十二贤人，便是师徒教育的典范。孔子因材施教，每个弟子都在他的指引下找到了自己的方向。颜回的深思熟虑，子贡的雄辩滔滔，子路的勇敢果断，皆源于孔子的教诲。师徒教育的魅力在于个性化培养，每个弟子都在师父的指引下，走出了一条适合自己的道路。

师徒教育不仅在学术领域有所体现，还深刻影响了文化艺术的发展。以中国古代绘画为例，许多大师都在师徒关系中成长。唐代画家阎立本在其父阎毗的指导下，不仅继承了家族的绘画技艺，还在此基础上创新，成为一代名家。而阎立本的徒弟也在他的教导下，各自发展出独特的风格。师徒传承，使艺术技艺得到延续和发扬，在个性化培养中激发了学生的创造力和艺术灵感。

师徒教育在道德修养和人格塑造上也具有重要意义。在古代，徒弟不仅要学习专业技能，还要从师父的日常言行中学习做人做事的原则。孟子师从子思，从他的教导中不仅学到了儒家思想的精髓，还深刻体会到了仁义礼智信的道德准则。这样的教育方式，注重以身作则和潜移默化，徒弟在耳濡目染中自然而然地形成良好的品德修养，成为社会上德才兼备的人才。

### 3. 经典教育：文化传承的核心

"大学之道，在明明德。"经典教育是古代文人教育的灵魂，儒家经典是中国文化的智慧结晶，四书固本、五经培元，"礼、乐、射、御、书、数"六艺育人。

古代文人对经典的学习，是一种与智者对话的过程。古代的文人，在《论语》《孟子》《大学》《中庸》中汲取智慧，涵养品德。他们通过诵读和实践，逐渐理解经典的深意，形成了高尚的品德和深厚的学识。

经典不光传授知识，更重要的是教人思考，以面对人生的种种挑战。朱熹的《四书章句集注》，便是古代经典教育的重要教材，通过对经典的注释，帮助学生深入理解其中的道理和智慧。

经典教育是对心灵的重塑。范仲淹的"先天下之忧而忧，后天下之乐而乐"道出了儒家经典对文人心灵的深刻影响。经典教育，让古代文人在知识和品德上得到了全面的发展，他们是学者，更是社会楷模。

在现代，经典教育的地位逐渐被功利性的知识学习所取代。学生学习更多是为了应付考试，背诵经典，却没有真正将家国情怀、忧民之思深入学生的思想中，培育的人才有时进入社会中缺乏民族责任感。我们需要重新审视经典教育的价值，重新引导孩子走进经典的世界。

在学校教育中，我们可以增加经典阅读的深度和广度，培养孩子对经典的学习兴趣和理解能力。通过与经典对话，孩子可以汲取古代智慧，提升自己的文化素养，形成良好的价值观和人生观。

回望历史，有无数人从古代文人的教育体系中汲取了智慧和力量。面对现代化和全球化的冲击，中国文化的未来在哪里？

首先，需要继承传统文化的精髓，夯实文化的根基。

如今的家庭教育可能更关注提供物质条件和外部资源，给孩子报好的学校和辅导班，要求孩子去学习。然而，许多家长自己却在家里躺着刷手机。这种做法没有为孩子创建良好的家庭教育环境，这也是许多孩子不爱学习的主要原因之一。

孩子没有足够的自律能力，正需要家长来培养他们的定力。否则，孩子未来做事很可能会半途而废，不能持之以恒。家长培养了孩子的定力，这样即使孩子在文化课上表现不好，在其他方面也能有所成就。没有定力，花再多钱也没有用。

其次,需要在继承传统文化的基础上,实现文化的创新和发展。

在经典教育方面,可以对经典著作进行解读和传播,使其更加贴近现代人的生活和思想,激发人们对经典的兴趣和热爱。

最后,需要发扬中国文化的国际影响力,让更多的人了解和认同中国文化。

随着全球化的深入发展,文化交流和融合成为不可避免的趋势。可以通过各种形式的文化交流活动,如国际文化节、文化展览等,向世界展示中国文化的魅力和内涵,提升中国文化的国际影响力,增强文化自信,推动中国文化走向世界。

中国文化,如同一棵参天大树,其根系深植于历史的沃土,其枝叶在时代的风中摇曳生辉。古代文人的教育体系,为这棵大树注入了源源不断的养分。在新时代,更需要把学思互助、知行合一的传统文化精髓融入整个教育体系,家庭即启蒙、生活即教育、社会乃学校。

## 第三节 /
## 政治，是人生底层的约束条件

"为天地立心，为生民立命，为往圣继绝学，为万世开太平。"家国情怀，是中国文人一以贯之的文化信仰与精神追求。

在封建社会的中国，政治是影响个人命运的重要因素。古代文人深知政治的力量，无论是仕途得意还是被贬谪流放，人生际遇常与政治息息相关。

在悠久的历史长河中，文人通过文学创作表达对国家和人民的深厚感情。屈原，战国时期楚国的著名诗人和政治家，是家国情怀的早期代表。他忠于国家，积极推动政治改革，却遭到陷害，被流放沅湘流域。在流放期间，他创作了《离骚》《天问》等不朽诗篇,表达了对国家命运的深切关怀。

《离骚》中写道:"长太息以掩涕兮,哀民生之多艰。"诗句中流露出他对国家和人民的忧虑,屈原最终投江自尽,以生命诠释了他对国家的忠诚和热爱。他的家国情怀在历史上留下了深刻的印记。

杜甫也是如此。因为经历了安史之乱,目睹了战乱带来的破坏和人民的苦难,他的诗作充满对国家命运的忧虑和对人民生活的关怀。在《春望》中,杜甫写道:"国破山河在,城春草木深。感时花溅泪,恨别鸟惊心。"诗句描绘了国家破败的景象,对国家命运的深切忧虑和对人民生活的深情关注呼之欲出。杜甫通过诗歌,将个人的命运与国家的兴衰紧密联系在一起,展现了他强烈的家国情怀。

辛弃疾,南宋著名词人,一生致力于抗金复国,但由于朝廷的腐败和无能,他的抱负难以实现。辛弃疾始终怀有强烈的家国情怀,只能通过词作来抒发对国家和人民的深厚感情。

在《青玉案·元夕》中,辛弃疾写道:"众里寻他千百度。蓦然回首,那人却在,灯火阑珊处。"反映了他在现实中的无奈和失落。辛弃疾通过词作,抒发了他对国家命运的忧虑。

在中国历史上，文人志士一直以国家命运和天下百姓为己任。他们不仅为自己的生活奋斗，更为国家的前途和百姓的幸福而努力。这种家国情怀，不仅是一种精神，更是社会责任感的体现。然而，现代社会中，很多人只关注个人的生活，认为只要把自己的生活过好，就足够了。

但事实上，真正的幸福不光是物质上的满足，还应该强调精神上的富足。那些内心世界空虚、不开心的人，即使拥有财富，也难以找到生活的真正意义和价值。相反，只有在为社会贡献力量的过程中，才能找到自身的价值和生活的意义。

那么，如何在追求个人幸福的同时，不忘社会责任呢？这就需要我们在日常生活中培养一种家国情怀，认识到自己的幸福与社会的进步是密不可分的。真正的幸福来自为国家和社会的福祉而努力。这种幸福不是短暂的物质享受，而是一种深刻的精神满足。

每个人都应该思考：我生活在这个世界上的意义是什么？要找到自己真实的原点，找到什么事情能让你快乐。我们来到这个世界，不仅仅是为了自己过得幸福，还要为社会和时代的进步贡献一份力量。如果每个人都有这种意识，世界就会变得更好。

戴维·布鲁克斯在《第二座山》中描述，人生不仅仅是攀登一座山。第一座山代表个人的成功和成就，而第二座山则象征着意义和奉献。攀登第一座山时，我们可能更多地关注个人的利益和成就，但当我们开始攀登第二座山时，会发现真正的幸福来自与他人建立深厚的联系，关注更大的社会使命。

不妨将目光投向更广阔的社会，参与公益活动，关心弱势群体。无论是提供志愿服务，还是倡导社会改革，每个人都可以在不同的层面，为社会贡献一份力量，推动社会更加和谐进步。在付出的过程中，你将体验到真正的快乐和满足。

杜甫在诗中说道："安得广厦千万间，大庇天下寒士俱欢颜。"就像古代文人通过文学作品表达家国情怀一样，我们也可以通过各种方式，将对国家和社会的热爱传递下去。

# 05

第五章

/

## 文化之美：
### 历史传承与现代应用

+++

## 第一节
## 古典文学：古代文人的智慧宝库

2024年8月，游戏《黑神话：悟空》上线，风靡全球，成了热门话题。游戏故事以《西游记》为前传，剧情蕴含佛性和内在修行的意味。

每一处细节的背后，都历经千锤百炼。大家对悟空这个形象的热议，其实隐藏着一个深层次的问题：悟空在他天赋异禀、敢作敢为的背后，如何找到平衡，实现自我成长？

让我们一起踏上中国古典文学之路，在古代文人的智慧宝库中，探寻一个人如何实现从认识自我到承担社会责任，再到追寻终极使命的转变过程。

### 1. 天赋：发现并珍惜与生俱来的才能

天赋，是每个人与生俱来的才能和特质，也是个人生命的独特起点。在古典文学中，天赋被视为个体成长的基础，它需要被认识、被珍惜并加以培养。

孔子提出"因材施教"，这四个字深刻表达了孔子对天赋的尊重和重视。孔子认为，每个人都有独特的天赋，教育的目的就在于帮助人们认识和发挥这些天赋，走上最适合自己的道路。天赋是我们每个人成长的起点，是我们在世界上独一无二的印记。

每个人都有独特的天赋，而我们需要做的，是用心去理解和顺应这种天赋，找到适合自己的道路。天赋是生命之树的根系，唯有顺应自然，才能深深扎根于土壤。

### 2. 天职：顺应天赋，承担社会角色

在发现并接受自己的天赋之后，古典文学进一步引导我们进入天职的层面。天职是在天赋基础上承担的社会责任，是个人在社会中所扮演的角色和承担的义务。

《红楼梦》中，贾宝玉的故事是天赋与天职之间矛盾的典

型代表。贾宝玉天生敏感多情，擅长诗词，这是他的天赋所在。然而，家族希望他能成为光耀门楣的官员，这种期望与他的天赋产生了冲突。

天职应当顺应天赋，而不是违背天赋的自然特质。只有在顺应天赋的天职中，个人才能找到真正的自我，实现内心的平衡与和谐。

《西游记》中，孙悟空的天赋在于神通广大、变化多端，这就与他的天职，即保护唐僧西天取经格外契合。在取经的过程中，孙悟空不断发挥自己的天赋，同时在历练中学会了控制和约束自己。

尽管被紧箍咒束缚，但这种束缚反而成为他成长的契机，促使他在天职中磨炼心性，逐渐走向成熟和稳重。天职是天赋的外在表现，是个体在社会中发挥作用的方式。

我们在真实世界活着就是要体验受限制条件下的生活，学会戴着镣铐跳舞。人生并不是一帆风顺的，只有勇于面对困境、突破自我，才能实现真正的成长。

### 3. 天命：超越天职，追求生命的更高意义

在天赋得到充分发挥、天职被正确履行的基础上，一个

人会逐渐走向对天命的追求。天命是一种超越天赋和天职的更高使命，是对生命终极意义的追寻和对世界的深刻理解。

孔子在《论语》中多次提到"天命"，他主张"畏天命"，强调的是对宇宙秩序和人生真谛的敬畏。天命不仅是个体的使命，更是对社会和天下的更高责任。在孔子的思想中，天命是人生的最高追求，是超越个人利益、与天地相通的境界。一个真正的君子，必须在天赋与天职之上，追求更高的天命，以实现个人与天地的和谐统一。

庄子则在《逍遥游》中提出了一种更为超脱的人生观。他主张每个人都应追随自己的本性，达到"无己、无功、无名"的状态。这种人生观是一种精神上的超越和对生命本质的领悟。

在《西游记》中，唐僧师徒四人去西天取经，象征着对天命的追寻。取经之路不仅是对佛法和大义的追求，更是一次超越个人得失的精神之旅。每次战胜妖魔，都是对自我和天命的重新确认。唐僧的坚定、悟空的坚韧、八戒的包容、沙僧的忠诚，正是对天命的不同解读和践行。天命引导他们超越自我的局限，为更高的精神追求而奋斗。

从《黑神话：悟空》的风靡，到古典文学中天赋、天职、天命三者之间的深刻逻辑关系，我们可以看到，每个人的一生都在不断探索和实现这三者的平衡。天赋是与生俱来的才能，是生命的起点；天职是在社会中扮演的角色，是天赋的实践与扩展；天命则是人生最终的使命，是个人对更高意义的追求和对宇宙真理的理解。

正如庄子所言："天地有大美而不言，四时有明法而不议，万物有成理而不说。"生命的智慧在于发现自我、承担责任、追求更高的意义。天赋、天职、天命，层层递进，最终归于生命的完整和和谐。这样的古典智慧，今天依然能为我们指引方向，让我们找到适合自己的成长之路，成就一个更有意义的自我。

第二节 /
**民间文化：传统节日与习俗如何重塑我们的生活**

中国传统节日和民间习俗，犹如流淌千年的大河，承载着无尽的文化底蕴，也记载着中华民族的精神与情感。在传统节日与习俗的背后，我们看见的，不仅是家族的团聚和社会的融合，更是人与自然、人与人之间深刻而温暖的连接。

### 1. 春节：新生的希望

春节，是中国最隆重的传统节日。它的到来象征着新年的开始，是一场充满希望与新生的庆典。每一户人家都在忙碌中迎接新年的钟声，贴春联、放鞭炮、守岁，这些习俗中，蕴藏着对未来的无限期待和对过去一年的深情告别。春节既是一个时间的转折点,也是一次生命的重启与更新。

红色的春联,为寒冷的冬日增添了几分暖意。春联上的文字,多是关于幸福、健康、繁荣的美好祝愿。这些文字如同一种精神上的鞭策,提醒我们在新的一年里要不断自我修正和完善,告诉我们在人生的路上,每一个新的开始都是一次重新塑造自我的机会。

吃年夜饭,是春节最温暖的仪式。家人团聚,共享一桌丰盛的晚餐,在这一刻,家人笑声盈盈,谈论着过去一年的故事与憧憬。这种团聚,象征着生命的延续和家族的繁荣,也体现了儒家思想中对于孝道的重视。我们在团聚中找到一种归属感,体会到家庭的纽带是如此深沉而牢固。

新年,也是一次"心的觉醒",每个人都可以在日常生活中寻找新生的契机。春节时家家户户会贴新的春联、穿上新衣,这是在提醒我们要常常更新自己的内心世界,保持对生活的热情。

新生,是一种心态的更新和自我的重塑。

## 2. 清明节:情感纽带

在中国传统文化中,清明节是一个十分重要的节日。清明时节，人们通过扫墓、祭祖等方式，表达对逝者的怀念和哀思。清明节蕴含着古人对人生无常的深刻理解。

中国文人常在清明节这个特定的时间思考生命的意义。在离别时，文人常常借助自然的力量来释怀，清明节的踏青习俗正是这种心态的体现。

离别之痛虽深，但清明节也教会我们如何以平常心对待。它让我们认识到，离别是人生的一部分，是内心保持宁静与成长的途径。生活中，我们也会面对各种形式的离别，无论是离开一座城市、辞去一份工作，还是告别一段感情。

离别是自我反思与成长的契机。不要纠结于失去，要从中找到自己的力量和智慧。

### 3. 中秋节：团聚的温暖

中秋节，满月当空，天涯共此时。它是中国人心中关于团聚的温暖符号。中秋的意义，不只在于赏月、吃月饼，更在于家人团圆和情感交流。

团聚是心灵的相遇。中秋，让我们在同一片月光下，感受与亲人相伴的美好。这种情感的重塑和回归，是我们面对繁忙生活时的一种心理慰藉。

团聚让生活变得有意义，有利于情感的升华。快节奏的生活让我们疏远了彼此，而中秋节提供了团聚的仪式感，让我们感受到家庭的温暖，找到了一种归属感。那轮圆月，象征着生命的圆满，也启示我们，无论离家多远，家始终是心灵的港湾。

苏轼在《水调歌头·明月几时有》中写道："但愿人长久，千里共婵娟。"词中有对亲人的思念，也有对美好生活的追求。中秋节的月夜，如此温馨动人，让人即便身处异地，仍然可以通过一轮明月与家人心灵相聚。这种团圆和思念的情感力量，穿越千年，依然感动着每一个中国人的心灵。

传统节日与习俗传递着一种生活哲学：生命的意义在于珍惜当下，敬畏自然，关爱家人。

中国古代文人的智慧在这些节日中得到了最完美的诠释。孔子的仁礼，陶渊明的隐逸，苏轼的豁达，这些哲学思想和生活态度，通过节日的形式不断传递给后人。节日的仪式感和文化习俗，不仅帮助我们找到了生活的意义，还帮我们在繁忙的现代生活中找到了一片宁静的心田。

中国传统节日和民间习俗中的智慧，是我们需要去品味的生活哲理和需要去汲取的心灵力量。让我们在这些节日里寻找生活的真谛，感受人间的温暖，从而鼓起勇气，继续前行。

## 第三节 /
## 非物质文化遗产：保护与传承文化之美

当我们谈论中国的非物质文化遗产时，总是忍不住去想象那些深藏于时间深处的美好事物。昆曲的悠扬婉转，宛如古老的情感在时空中流淌；剪纸的精巧细腻，仿佛手艺人以剪刀为笔，描绘着生活的图景；京剧的铿锵有力，则如同一段段历史在我们耳边轰然作响。

这些艺术形式，不仅仅是一种技艺或表演，还是中国文化血脉中独特的精神符号，是中国人情感与记忆的载体。

这些非物质文化遗产承载着千百年的历史记忆，诉说着一个民族的故事。保护与传承它们，不仅是在向历史致敬，更是在为未来种下希望的种子。正是在这些悠久的文化传统中，我们可以感受到一种深厚的文化自信,那是一种从内而外的力量,使我们在面对挫折时,依然能够从容应对,笃定前行。

### 1. 从昆曲中感受中华美学的力量

昆曲,这一中国古老的戏曲形式,被誉为"百戏之祖",它以其悠扬婉转、细腻优雅的艺术形式,成为中国传统美学的象征之一。

昆曲之美,不仅体现在其艺术形式的精妙上,更在于它传达了一种从容和雅致的生活态度。昆曲的每一段唱腔、每一个动作,都是一种心灵的表达,是中国古代文人对生活的哲学思考和美学追求。

在昆曲的优美唱腔中,我们不仅能欣赏到艺术的精湛,还能感受到一种强烈的文化自信。文化自信是一种发自内心的笃定和从容,这种自信源于昆曲剧本中对经典文学作品,如《牡丹亭》《长生殿》的精妙演绎,这些作品融入了儒家伦理、道家思想和禅宗智慧,每一出戏的情节、每一段唱腔都经过创作者的深思熟虑,展现了对人性、情感、伦理与命运的深刻探讨。

昆曲这种深厚的历史积淀,让我们看到了中国文化在艺术表达上的高度,也让我们心生一种文化自豪感。每当昆曲的清丽唱腔在舞台上响起,观众就好像是在与先人对话。昆曲的每一次复兴和传播,都是一种文化自信的彰显,显示出中国传统文化强大的生命力和感召力。

昆曲对演员的要求极高,演员不仅需要具备高超的演唱技巧,还需要精通各种表演动作和身段。昆曲中的"水磨腔"讲究婉转柔和、声情并茂,其唱腔的音韵之美和节奏之美,代表了中国传统艺术巅峰之一。正是这种对艺术形式的极致追求和对审美标准的严格坚持,让昆曲成为中国传统艺术的典范。

文化自信的力量,源于对传统的坚守,还源于对文化未来的自信展望。我们不仅要保护和传承这些艺术瑰宝,更要以创新的精神,将其融入现代生活的方方面面,使其焕发新的生机与活力。

## 2. 剪纸艺术中的民间智慧与生活哲学

剪纸,这种最接地气的民间艺术,早已深深融入中国人的日常生活。从婚庆仪式中的"囍"字到窗花上的吉祥图案,剪纸不仅装饰了生活空间,还寄托了人们对美好生活的向往。剪纸所展现的是对幸福的祝愿,也是对生命的敬畏和尊重。

剪纸艺术之所以能够代代相传,是因为它以最贴近生活的方式,表达了人们对美好生活的追求和热爱。在现代社会中，剪纸作为非物质文化遗产，至今依然焕发着旺盛的生命力。它不仅在节庆活动中经常"露面"，还走进了学校、博物馆和艺术馆，成为一种活态文化，被更多人了解和喜爱。通过学习和体验剪纸，年轻一代得以了解和认同自己的文化根脉，感受传统文化的魅力。

然而，传统的保留并不意味着固守不变。要让这些传统艺术在现代社会中继续焕发生命力，还需要进行大胆的文化创新，这是在保护与传承非物质文化遗产的基础上，推动文化发展的重要手段。剪纸艺术的现代化尝试，如与现代艺术形式的结合、与时尚设计的融合，都为这一古老艺术注入了新的活力。

### 3. 京剧的现代探索与多样表达

京剧，作为中国的国粹，以其独特的表现形式成为中华民族文化自信的象征。京剧融合了文学、音乐、舞蹈、武术等多种艺术形式，是中国传统戏曲的集大成者。它的唱腔高亢激昂，念白抑扬顿挫，身段行云流水，服饰华丽多彩，每一个细节都展示了中国人对美的极致追求。

在现代社会中，京剧不仅仅是传统文化的载体，还是现代艺术表达的媒介，这展现了中华文化的开放性和包容性。

许多京剧表演艺术家通过改编传统剧目、引入现代元素和技术手段，使京剧焕发出新的生机。比如，将经典剧目与现代舞台技术结合，利用灯光、音效和多媒体技术增强视觉效果，使传统艺术更具吸引力和表现力。

此外，京剧的创新还体现在与其他艺术形式的融合上。例如，一些表演艺术家尝试将京剧与现代音乐、舞蹈，甚至是电影相结合，创造出一种全新的表演形式。这种创新不仅使京剧的表现形式更加多样化，也使京剧的观众群体更加广泛。通过这些多样化的探索，京剧不仅保留了传统文化的精髓，还拓展了文化的表达空间。

保护与传承非物质文化遗产，除了需要政府和文化机构的努力，还需要每一个人的参与和支持。我们每个人都可以成为文化的传承者，通过学习、体验、传播，让非物质文化遗产在现代社会继续生生不息。

非物质文化遗产不仅是文化的瑰宝，更是民族精神的象征。它们承载着我们的历史记忆和文化认同，是我们走向未来的精神支柱。

我们要保持对传统文化的热爱与尊重，让非物质文化遗产成为文化自信的坚实基础，继续讲好中国故事，传递中国精神。

## 06

第六章

/

## 环境之美：

### 人与自然的和谐共生

## 第一节 /
## 山水文化：自然景观中的哲学与美学

"山川形胜、天地大美"，这是古人对自然的真诚礼赞。山水，不仅是自然景观，还是文人心灵的投射，是他们精神世界的镜像。

山水，蕴藏着人类对自然的敬畏、对众生的洞察以及对自我的探寻。它启发我们从自然走向心灵，从众生处看见自己。这种文化传统在今天依然熠熠生辉，为我们提供了丰富的精神滋养和人生智慧。

### 1. 见山水：探寻超越自然的精神境界

见山水，最初是对自然景观的直观感受。但在中国文人的眼中，山水远远超越了自然本身，成了心灵的寄托和哲学的象征。山水不仅是目光所及的景色，还是通向精神世界的入口。

宋代画家郭熙及其子郭思在《林泉高致》中提到"山有三远"，即高远、深远、平远。这种构图方式并不是简单的空间描绘，而是一种引导，让观者的视线穿越画面，进入一个更为深邃、广阔的精神空间。在这个空间中，山水成为观者与画家心灵对话的媒介，让人们在欣赏画作时，沉浸于超越现实的哲学冥想之中。

山水之美，还包含无为而治、顺应自然的哲学内涵。在道家看来，最高的美是自然的美，是未经人为修饰的原生态之美。山水画中的"留白"便是体现。留白不是空缺，是对空间的想象和思想的延展，象征着无限的可能和自由的精神境界。

这种无为的美学追求，在元代画家倪瓒的作品中体现得尤为明显。倪瓒的山水画风格简约，以几笔勾勒山水，意境深远。他的《渔庄秋霁图》通过几株稀疏的柳树和一片静谧的湖面，营造出一种淡泊的气氛。这种画风并不是要完全再现自然的真实景象，而是通过"删繁就简"，突出自然之美和人的精神境界。

明代画家唐寅的《桃花庵图》便是这一精神境界的体现。他描绘的不是壮丽的山河,而是清新的江南水乡。一片桃花林外,一位身着青衫的文人缓步于小径间,仿佛在与桃花对语,与流水为伴。这幅画表现了唐寅超然物外、追求隐逸的心态。他在自然中找到了灵魂的归宿,寻得了远离尘世喧嚣的宁静之所。

见山水,不在于追求外在的宏伟壮丽,而在于对心灵纯净的孜孜追求,对精神境界的无限探索。

## 2. 见众生:在山水中体悟人间百态

山水不仅仅是自然景观,更是文人心中人情世故的映射。在中国古代,山水常常作为社会关系的隐喻,文人借助山水,表达对人生百态的深刻洞察。

南宋诗人陆游在《游山西村》中写道:"山重水复疑无路,柳暗花明又一村。"这句诗不仅描绘了山水的曲折变换,更巧妙地隐喻了人生道路的波折与柳暗花明的转机。陆游以山水之变来影射人生之道,提示我们在复杂的现实环境中要保持积极乐观的心态。

清代画家石涛的山水画《搜尽奇峰打草稿图》则进一步深化了这种隐喻。他画中的山水，表面上是单纯的自然景观，深层次的则是复杂的人际网络和世俗关系。那层层叠叠的山峰和蜿蜒曲折的水道，仿佛在暗示人际关系的错综复杂。

石涛用山水表达了他对人情世故的深刻理解，以及在处理这些关系时的智慧和超然。这种山水中的哲学，教人如何在世事纷扰中保持内心的清明与超脱。

见众生，不仅要看见自然景观中的人类活动，还要在静观中洞察人情的微妙与人心的多样。文人通过细致描绘山水，领悟人与人之间交往的奥妙，体察人情的冷暖与心灵的变迁。

### 3. 见自己：在山水间的自我反思

最深刻的见解往往来自自我反思。

山水不仅让文人看到自然的壮丽和社会的复杂，更重要的是，它帮助他们见到自己的内心。借助山水，文人能够进行深刻的自我对话，发现自己的局限、欲望和力量。

元代画家黄公望的《富春山居图》便是这种自我探索的典范之作。黄公望晚年隐居富春山，作画以自娱。他的画作描绘了富春江的山水景色，如曲折的江水、延绵的群山、零星的茅屋，以及画家对这片山水的深情。

他通过这幅画，表达了自己在江湖沉浮中的失意和对世事的超脱。画中的留白，不仅仅是一种作画技法，更是一种哲学象征：空白之处，正是内心无求、无欲、无我的境界。见山水，使黄公望见到了自己，他在山水间提升了精神境界。

而清代的龚贤以"烟云供养"为主题的系列山水画作，将这种自我反思发展到极致。龚贤的画笔下，山水中弥漫着浓重的云烟和迷蒙的雾气，这些烟云不仅仅是自然现象，更是他内心世界的投射。

他在画作中反复描绘那些看似无序的烟云，试图在重重迷雾中寻求一种清明的自我认知。他的画作没有明确的焦点，云烟笼罩的山水若隐若现，正如他对自我和世界的认知——模糊而又不失方向。

这种模糊之美，不是对现实的逃避，而是对自我认知的深刻追问：我是谁？我从哪里来？我要到哪里去？

见山水，我们得以与天地对话；

见众生，我们学会理解人心；

见自己,我们能够听见心灵的回响。

山水文化不仅体现了对自然的敬畏之心,更表达了对人生的深刻理解:在喧嚣的世界中找到宁静,在变幻的生活中寻得恒常。

第二节 /

## 园林艺术：生活在诗意中

中国园林是凝固的诗行，藏在山水之间的，是流动的心境与岁月的痕迹。

《道德经》中说："大方无隅，大器晚成，大音希声，大象无形。"这些道理早已悄然渗透在园林的每一处细节里。游园不只是观景，还是与天地、人生进行对话。

### 1. 大方无隅：无界的空间与心灵的自在

曲径通幽处，脚步声仿佛踩在时光的河流上。中国园林最令人着迷的，莫过于那无尽的变化——一个转角，一道门扉，风景在你不经意间突然改变。这种步移景换的神奇，正是"大方无隅"的体现，真正的广阔从不拘泥于边界。园林师以曲折的小径、蜿蜒的水流，打破了空间的束缚，让有限的天地展现无穷的变化。

园林中，每一处看似微小的景致，皆有无限的深意。那些遮掩在枝叶后的风景，如同人生中的机会，隐约可见，却总是需要迈出几步，才能一探究竟。心有多大，世界便有多广阔；跨出脚步，便是另一番天地。大方无隅，正是那无边无际的心境，将人从狭隘的世界中解放出来。

### 2. 大器晚成：不完满的美与岁月的痕迹

园林之美，并不在于完满，而在于那些"不完满"的留白。石块粗粝不加雕琢，古树斑驳不求对称，见证了时光的流逝与自然的力量。这种未尽之美，正是大器晚成的体现。

最伟大的事物，是在不断地生长与变化中，展现出更多可能。

在扬州的个园中，那些未曾被打磨的石块，如同故事的碎片，隐匿着千年的时光。而那摇曳的竹林，随风而动，柔中带韧，似乎在诉说着生命的从容与坚韧。未雕琢的美，才最能引发人们的遐想，就像我们的生命，总是处在变化与未完成的状态中。曲则全，枉则直，洼则盈。人生的美，并不在于圆满，而在于接受那些不完满的痕迹。

苏东坡在黄州的岁月，或许最能诠释这种智慧。没有华丽的庭院，没有奢侈的享受，只有一个简单的"雪堂"，却足以让他在困顿中获得内心的宁静与豁达。他在诗中写道："人生如梦，一樽还酹江月。"不完满的人生，反而让他在朴素中领悟到了更多的风景。

### 3. 大音希声：宁静中的力量与心灵的共鸣

最深刻的声音，往往是无声的；最震撼的力量，往往潜藏在宁静之中。园林中的声音，不是轰然雷动的，而是那低吟浅唱的溪水声，或是风拂过竹林的声音。那些轻微的声音，仿佛在与人们进行一场无声的对话，引发了心灵共鸣。

苏州沧浪亭边的水轻轻流淌，仿佛把时间的河流带进这一片园林。亭内的宁静，与外界的声音相呼应，似有若无，却沁入心底。这正是大音希声的道理：真正动人的声音，不在于有多喧嚣，而在于静默中带来的震撼。宁静并非空洞无物，它是一种充盈的状态，让人在静谧中找到内心的安定。

园林，是心灵的栖息地。在一片静谧中，文人暂时忘却外界的纷扰，与自然对话，仿佛进入了另一个时空。在这里，万物有声，人心无言。正是这宁静，让他们听清内心最深处的声音，那种无言的力量，贯穿了他们的思绪。

中国的园林，如同一幅被时光打磨的画卷，承载着古人对天地、对人生的深沉思索。

在这片有限的天地中，我们得以看到无限的可能，理解人生中的起伏与变化，并寻找到心灵的归宿。

园林中，有些风景不需言语，有些智慧不需点破，在静默中，体味那缓缓流动的生命诗意。

最美的风景，是留在心里的那一抹画意。

### 4. 大象无形：象外有象，意境中的人生哲理

在园林的布局中，一草一木，皆有其背后的深意。"大象无形"，是指并非追求表面的完美，而是通过隐喻与象征，让景物背后藏着更深的寓意。每一处景致，都是一种象外之象，一种超越了具体形态的精神意境。

苏州留园中的借景设计，便是"大象无形"的绝妙体现。

园中的一扇小窗，远处的山水借景入内，内外的景致浑然一体，仿佛没有界限。园林中的每一处细节，都是生命的一种映射，透过这些景象，可以找到与天地共鸣的节奏。

　　苏东坡曾写下"宁可食无肉，不可居无竹"。竹在风中摇曳，不因风势而折断，象征着人生中的顺应与坚守。这种象外之象，引导我们去理解事物背后的深意。

结 语 /
# 如何将古人智慧应用于当代生活

古代文人用他们的文字、艺术和生活哲学勾画出理想的生活状态：追求卓越，注重修身养性，关心国家与人民，讲求和谐的人际关系，重视身心健康，珍惜时间，并与自然和谐共处。

深刻理解、细细品味文人智慧，可以在现代社会中找到实现个人成长与幸福的方法。修身、齐家、治国、平天下，这句话浓缩了中国古代文人的理想与抱负。

## 第一部分：修身

修身，是古代文人一生的功课。在文人墨客的生活中，自我反省和培养审美情趣是修身的重要组成部分。

在日常生活中，你可以借鉴嵇康的养生之道，注重清淡饮食和适度运动。选择食用天然的食物而非过度加工的食品。

适度运动，让身体保持健康与活力。

一天结束前，你可以坐在窗前，静静反思自己这一天的言行，就像曾国藩一样。曾国藩每日反省自己的言行，记下得失成败，从中汲取教训。他在家书中写自己每日三省自身。这三省，除了言行外，还包括内心的动机与态度。在静坐沉思中，审视自己的行为是否能够增长内心的力量，是否能够超越自我。内省是一面镜子，可以映照出自己的不足，为不断前行积蓄动力。

培养审美情趣是古代文人修身养性的一个重要方面，他们在不同的艺术领域都有出色的表现，在这些领域里，他们不仅提升了自己的文化素养，还找到了心灵的寄托。

你可以像王维一样，通过诗词来感受自然之美。闲暇时，走进大自然，感受山水之间的静谧与美好。走在山间，回忆起他在《山居秋暝》中写的"空山新雨后，天气晚来秋。明月松间照，清泉石上流"，感受宁静、清新、雅致的意境。

你可以像王羲之一样，通过书法来修养身心。学习王羲之书法的形神兼备，感受笔势的变化和气韵的流动，培养内心的定力。书法不仅是书写文字，还是一种精神表达。

你可以像赵孟頫一样，通过绘画来陶冶情操。赵孟頫是元代著名的画家和书法家,他的画作独具风格,注重写意和意境的表现。他的《秋郊饮马图》展示了他高超的绘画技巧和独特的艺术视角。你画画时,可以尝试像赵孟频一样追求简洁、雅致,通过寥寥数笔,传达出丰富的情感和深远的意境。

你可以像李清照一样,通过弹琴、写词来陶冶情操。李清照是宋代著名的女词人,她不仅在词作上有着极高的造诣,还擅长琴艺。她的词作,如《如梦令》《醉花阴》等描述了细腻的情感,展现了优美的意境,表达了她对人生、自然和爱情的独特感受。音乐和词作帮助李清照找到了精神的寄托。如果你也喜欢这样的滋养方式,不妨尝试一下。

修身,是一段内心寻找宁静的旅程。

### 第二部分:齐家

齐家,是修身的延伸,是个人道德修养在家庭中的体现。古代文人通过齐家,传递他们的智慧与道德观,影响子孙后代,进而影响社会风气。家庭,是社会的基本单位,齐家不仅是对家庭内部关系的调节,更是对家风、家教的传承。

孟母为了给孟子提供良好的成长环境,不惜多次搬家。

你可以学习孟母的智慧，为家人创造一个良好的生活和学习环境。

曾国藩在家书中，强调家庭成员之间要相互尊重与关爱，提倡俭朴的生活方式和诚实守信的做人原则，告诫子女要懂得做人做事的道理，并培养他们的责任感。你可以效仿曾国藩的做法，定期与家人沟通，向他们分享生活中的感悟，通过家庭会议等方式，传递家风和家教的理念。

齐家的核心是家庭关系要和谐。你可以像李清照一样，与爱人共同培养兴趣爱好。这不仅是夫妻之间感情深厚的写照，更是家庭和谐的象征。家庭成员之间要相互尊重、理解和支持，创造一个温馨和谐的家庭环境，以共同面对生活中的各种挑战。

### 第三部分：治国

治国，是古代文人从个人修养、家庭治理走向社会的实践。治国，不仅是国家的责任，更是每一个士大夫的理想。

古代文人通过自身的实践，参与国家治理，推动社会进步。诸葛亮，三国时期蜀汉的丞相，以其卓越的政治智慧和忠诚的精神，成为中国历史上的一代名相。他在《出师表》

中写道:"鞠躬尽瘁,死而后已。"诸葛亮为蜀汉的稳定和发展做出了巨大贡献。

## 第四部分:平天下

古代文人不仅在政治上有所作为,更在社会责任和担当上树立了榜样。范仲淹在《岳阳楼记》中写道:"先天下之忧而忧,后天下之乐而乐。"这种以天下为己任的精神,体现了古代文人的社会责任感。他们不仅关注国家的兴衰,还关注人民的福祉,想通过自己的努力,推动社会进步与和谐。

《大学》云:"古之欲明明德于天下者,先治其国;欲治其国者,先齐其家;欲齐其家者,先修其身;欲修其身者,先正其心;欲正其心者,先诚其意;欲诚其意者,先致其知,致知在格物。物格而后知至,知至而后意诚,意诚而后心正,心正而后身修,身修而后家齐,家齐而后国治,国治而后天下平。"

这段话是古代文人实现自身价值的必然途径,在此基础上立行、立德、立功、立言。以古鉴今,希望每一位读者都能在人世间活出新时代的精彩自我。